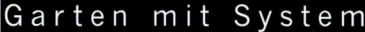
Garten mit System

Frank von Berger

Sonnenplätze
attraktiv gestalten

Frank von Berger

Sonnenplätze attraktiv gestalten

Garten mit System

Es ist nicht gestattet, Abbildungen
dieses Buches zu scannen, in PCs oder
auf CDs zu speichern oder in PCs/
Computern zu verändern oder einzeln
oder zusammen mit anderen Bildvor-
lagen zu manipulieren, es sei denn mit
schriftlicher Genehmigung des Verlages.

Die Deutsche Bibliothek ·
CIP-Einheitsaufnahme

Sonnenplätze attraktiv gestalten :
Gärten, die wenig Wasser brauchen ;
ein Hauch von Mittelmeer im Garten ;
standortgerechte Bepflanzung –
praxisnah für jeden Garten/
Frank von Berger.
[Ill.: Manfred Lindner]. ·
Augsburg : Naturbuch-Verl., 1998
    (Garten mit System)
    ISBN 3-89440-276-8

Naturbuch Verlag
© 1998 Weltbild Verlag GmbH, Augsburg
Alle Rechte vorbehalten

Konzeption Gisela Keil, Eurasburg
Illustration Manfred Lindner, Mainz
Layoutkonzeption
Parzhuber & Partner, München
Umschlaggestaltung
Parzhuber & Partner, München
Layout Wühr, München
Satz Gesetzt in der Adobe Garamond
von Wühr, München
Reproduktion
Kaltner Media GmbH, Bobingen
Druck und Bindung
Offizin Andersen Nexö, Leipzig

Gedruckt auf chlorfrei (elementar
chlorfrei) gebleichtem Papier
Printed in Germany
ISBN 3-89440-276-8

Bildnachweis
*W. Redeleit: S. 10 M.u., S. 22 groß,
S. 23 u.M., S. 24/25 M., S. 24 l.u., S. 27 o.,
S. 28 l.o., S. 30 l.o., S. 55 r.o., S. 62/63 groß,
S. 64 l.o., S. 71 o., S. 74/75 groß, S. 85 o.,
S. 86 groß, S. 93 o.;
Garpa: S. 11 1.v.o., S. 91 o.;
S. Lutz: S. 26 u.;
PhotoPress: S. 34/35 groß, S. 52 o.r.,
S. 54 groß, S. 66 groß, S. 67 r.o., S. 87 M.u.,
S. 88 o.r.
Alle anderen Fotos sind von Frank von Berger.*

Umschlaginnenklappen: Frank von Berger

Inhalt

Einleitung

Ein sonniger Garten bietet viele Möglichkeiten, Natur zu erleben und sie nach eigenem Geschmack zu gestalten. Gleichgültig, ob es sich um eine Neuanlage handelt oder Sie Ihren Garten mit neuen Ideen noch attraktiver machen möchten: Dieses Buch möchte Ihnen Anregungen und Tips geben, wie Sie Ihr Sonnenparadies optimal gestalten können. Wenn Sie einen sonnigen Garten haben, bieten Terrassen, Staudenbeete und Ensembles, bei denen Wasser in Form eines Teiches oder eines Brunnens eine Rolle spielt, herrliche Gestaltungsmöglichkeiten. Aber auch sonnige Balkone und Dachterrassen sind nicht nur der kleine Ersatz für einen »echten« Garten, sondern geben Ihnen die Chance, ganz eigene Wege der Nutzung und Verschönerung zu finden. Wirklich schade wäre es, wenn der Balkon, und sei er auch noch so klein, nur als Abstellfläche oder zum Wäschetrocknen dient. Für einen kleinen Tisch und zwei Stühle sowie einige Blütenpflanzen ist immer genug Platz. Besonders für unerfahrene Gärtner sind sonnige Anlagen unproblematisch, weil sie dort mit weniger Widrigkeiten zu kämpfen haben, als in Gärten, die im Schatten liegen. Dabei spielt es keine Rolle, ob Sie einen Bauerngarten mit robusten, dekorativen Blütenstauden und Kräutern oder eine elegante Anlage im fernöstlichen Stil planen. Wenn Sie die örtlichen Verhältnisse berücksichtigen, sind die meisten Vorschläge ohne allzu großen Aufwand an Arbeitskraft und Material leicht selbst zu verwirklichen. Wichtig sind die richtigen Gartenwerkzeuge, gutes Pflanzenmaterial (aus Kümmerlingen werden auch bei guter Pflege selten Prachtexemplare), etwas Zeit und vor allem Begeisterung an der Sache. Für manche Arbeiten ist die Hilfe und der Rat von Fachleuten die Gewähr für gutes Gelingen. Besonders größere Erd- und Pflasterarbeiten sollten Sie dem Fachmann überlassen. Bei der Ausgestaltung der Details bleibt für Sie noch genug Arbeit übrig – und gepflegt werden muß der Garten schließlich auch mehr oder weniger regelmäßig.

Wenn Sie nicht viel Zeit in die regelmäßig anfallenden Instandhaltungsarbeiten investieren möchten, lohnt es sich, bei der Planung etwas mehr Aufmerksamkeit darauf zu verwenden, wie man das verhindern kann. Bestimmte Aspekte vergißt man manchmal in der Begeisterung für eine Idee: Bei der Planung eines neuen Gartens oder der Umgestaltung einer bestehenden Anlage ist es immer von Vorteil, wenn man die eigenen, persönlichen Bedürfnisse der Nutzung nicht aus den Augen verliert. Mancher möchte bei der Anlage seines sonnigen Gartens wissen, wie er bestimmte kritische

Punkte, z. B. sehr trockene und magere Böden oder einen permanenten Wassermangel bei der Planung berücksichtigen muß, um dennoch üppige Blütenpracht oder ein interessantes Erscheinungsbild zu erreichen. Dem einen genügt es, wenn sein Auge auf Staudenbeeten oder einem mit Liebe zum Detail gestalteten Steingarten ausruhen darf. Andere möchten den Garten intensiver als Lebensraum nutzen, was besonders für Familien mit Kindern wichtig ist. In einem Garten, der nicht einförmig und genormt ist, gibt es für Kinder eine Menge zu entdecken, was sie mit der Natur vertraut macht. Ist der Garten groß genug, lassen sich verschiedene Bereiche unterschiedlich nutzen. Da ist dann genauso Platz für die ruhige Ecke, wo man sich zur Siesta zurückziehen kann, wie auch für eine Fläche, wo die Kinder das Indianerzelt aufbauen dürfen. Durch Pergolen oder Spa-

liere kann man die einzelnen Bereiche voneinander abgrenzen oder, wenn man lieber den Überblick behalten möchte, die Anlage durch geschickte Wegeführung und bewußt arrangierte Staudenbeete gliedern. Wichtig ist immer, über der Gesamtplanung die kleinen Details nicht zu vergessen, aber auch umgekehrt sollte man sich nicht in Kleinigkeiten verlieren. Mit der Zeit wächst fast von allein eine Vielfalt und ganz eigene Schönheit, wenn man sich häufiger im Garten aufhält. Je nach Saison werden die Gartenmöbel auf die Terrasse gestellt, Schalen und Töpfe mit Saisonblühern ergänzt und geschenkte oder selbst gezogene Ableger neuer, interessanter Pflanzen integriert. Ein Sonnengarten macht es zudem möglich, auch die Jahreszeiten, die sonst zu kurz kommen, im Garten zu erleben. Der Frühling beginnt früher und der Herbst bietet, wenn er sonnig ist,

noch wundervolle Tage draußen in der Natur.

Sowohl im Garten als auch auf Balkonen und Dachterrassen wird leider viel zu oft nur an den Sommer gedacht. In diesem Buch wurde bei den Gestaltungstips und den Vorschlägen zur Bepflanzung Wert darauf gelegt, auch für das Winterhalbjahr eine interessante und abwechslungsreiche Anlage zu erhalten. Es müssen nicht immer üppig blühende Sommerstauden sein, die einen Sonnengarten attraktiv machen – immergrüne Gewächse und frostharte Exoten sorgen dafür, daß Sie Ihren Garten ohne Unterbrechung genießen können. Lassen Sie sich von den Vorschlägen in diesem Buch inspirieren, nutzen Sie die Informationen und denken Sie immer daran, daß bei der Gartenarbeit nicht nur das Ergebnis zählt, sondern auch der Weg zum Ziel reich an Belohnungen ist!

Ein besonderes Stück Lebensqualität:
Die sonnige Veranda, umgeben von blühenden Stauden, lädt zum Verweilen ein.

All denen, die einen sonnigen Garten haben, möchte man gratulieren. An sonnigen Stellen blüht und wächst es wie von selbst und minimale Gestaltungsversuche führen meist zu attraktiveren Ergebnissen als bei Schattengärten. Doch beschäftigt man sich intensiver mit den eigenen Bedürfnissen und Vorstellungen sowie den Ansprüchen einzelner Pflanzen, wird man sehen, daß es so einfach nun auch wieder nicht ist, einen typischen »Sonnengarten« zu gestalten. Nicht alle Pflanzen vertragen Sonne, andere dagegen sind regelrechte Sonnenanbeter.

siehe auch Seiten 42/43

Wer sonnige Plätze am Haus oder im Garten z.B. auch als Sitzplatz nutzen möchte, sollte die Anlage und Gestaltung genauer durchdenken, um eine Situation zu schaffen, die wirklich zufriedenstellt. ■

Sonnenplätze für Genießer

Egal, wie groß Ihr »Platz an der Sonne« ist – er sollte optimal für Ihre Bedürfnisse gestaltet werden. Sonnige Terrassen und Sitzplätze am Haus können sehr unterschiedlich genutzt werden. Für den einen ist der Garten im Som-

Sommerblumenbeet am Rand einer Terrasse. Hanglagen sind weniger problematisch, als man denkt: Von dieser oben gelegenen Terrasse fällt der Blick auf einen abgetreppten Rosengarten.

mer ein zweites Wohnzimmer, für den anderen ein Rückzugswinkel für Mußestunden. Für Familien mit kleinen Kindern wird ein pflegeleichter und spielfreundlicher Garten sinnvoller sein als eine ästhetisch perfekt inszenierte Idylle. Eine Terrasse kann auch als

Blickfang oder als Übergang in den eigentlichen Garten eine wichtige Funktion haben. Bei der Planung gibt es viel zu bedenken: Nicht jede Terrasse wird den ganzen Tag über von der Sonne beschienen; bei der Auswahl der Pflanzen sollte man die Lichtverhältnisse und das Mikroklima des zukünftigen Standorts beachten.

Richtige Planung von Anfang an

Zugluft kann den Aufenthalt im Freien besonders gegen Abend unangenehm beeinträchtigen. Als

Ein Blickfang, auch wenn kein Wasser fließt: Nostalgischer Wandbrunnen mit Blumenarrangement.

Diese nostalgische Gaslaterne wurde zur Gartenlampe umfunktioniert.

Abhilfe gibt es verschiedene Möglichkeiten: Ob Hecken, üppig berankte Spaliere (die auch noch mit ihrer Blütenpracht erfreuen können) oder Lamellenwände aus Spanholz verwendet werden, hängt ganz von Ihrem Geschmack und dem Stil Ihres Gartens sowie dem finanziellen Rahmen, den Sie sich gesteckt haben, ab.

siehe auch Seiten 62/63

Wenn Sie der Sonne für einige Stunden am Tag einen Dämpfer geben wollen, helfen Markisen am Haus oder Sonnenschirme,

Tip
Natur Buch

Wenn die Terrasse sehr stark besonnt wird, sollte man keine hellen Farben für die Pflasterung wählen; sie blenden das Auge und auf den Boden gestellte Möbel oder Kübelpflanzen scheinen zu »schwimmen«. Besser eignen sich erdige oder auch rötliche Farbtöne. Sie wirken warm und kontrastieren schön mit dem Grün der Pflanzen.

die Sie versetzen und bei Nichtgebrauch zusammenklappen können. Der Bodenbelag und die Art der Möblierung prägen den Charakter des Sitzplatzes wesentlich mit. Ob ein naturnaher oder eher formaler Eindruck entsteht, bestimmen in hohem Maße die ausgewählten Materialien, Formen und Farben. Entscheidend ist natürlich auch die Wahl der Bepflanzung, seien es nun die Blumenrabatten am Rand der Terrasse oder des Sitzplatzes oder Kübelpflanzen, die man im Sommer draußen aufstellt. ■

Sonnige Terrasse mit Gartenmöbeln.

1 Gartenmöbel aus Korbgeflecht wirken immer leicht und elegant, sind aber leider recht empfindlich.

2 Naturholzmöbel verleihen sonnigen Plätzen einen südlichen Charme und sind, richtig gepflegt, sehr langlebig. Mit bunten Stoffkissen können sie zusätzliche Farbakzente setzen.

3 Leicht, stapelbar und wetterfest sind Kunststoff-Gartenmöbel.

4 Schnell aufgestellt und in die Sonne gerückt ist der Klappliegestuhl aus Holz und Baumwollstoff.

Mit viel Liebe zum Detail geschaffener Hofgarten – eine gelungene Kombination aus Terrasse und Veranda.

Ein sonniger Sitzplatz am Haus

Noch nicht ganz Garten, aber auch nicht mehr im Haus: Sitzplätze am Haus sind regelrechte Übergänge zwischen diesen Bereichen. Wenn man sie teilweise überdacht, kann man sie auch bei Regenwetter nutzen. Die Gartenmöbel werden in diesem Fall auch nicht so stark der Witterung ausgesetzt. Liegt der Sitzplatz hingegen im Freien, kann ein Sicht- und Windschutz sinnvoll sein.

In jedem Fall bieten sich zahlreiche Möglichkeiten zur Gestaltung an.

siehe auch Seiten 21, 60/61, 64/65

Anspruchsvolle Gärtner können mit Blütenstauden und ausgefallenen Kübelpflanzen wahre Paradiese zaubern, aber auch Anfänger können mit wenig Aufwand attraktive Oasen zum Wohlfühlen schaffen. In Zweifelsfällen sollte bei der Befestigung des Sitzplatzes ein Fachmann befragt werden. Es ist wichtig, von Anfang an auf ein gutes Fundament zu achten, damit später nichts ins Rutschen kommt. Unter jeden Bodenbelag gehört eine mindestens 10 cm dicke Tragschicht aus Kies und Schotter. Die Fläche sollte vom Haus weg leicht abfallen (2 % Gefälle), damit Regenwasser in den Garten und nicht ins Haus läuft. Holz muß gut imprägniert

Einen Übergang zum Rasen schafft der Frauenmantel, dessen gelbe Blüten im Frühsommer über dem samtig hellgrünen Laub zu schweben scheinen.

sein, damit es nicht fault oder von Pilzen befallen wird. Achten Sie dabei auf umweltfreundliche Produkte. Wenn Treppen vom Haus

Wie eine blühende Decke breitet sich der Teppich- oder Moosphlox aus. Terrassenkanten und niedrigen Steinmauern wird so die Strenge genommen.

zur Terrasse oder von dort in den Garten führen, kann man sie mit in die Planung einbeziehen, indem das gleiche Material zur Befestigung verwendet wird. Harmonien von Materialien und Farben im Garten und am Haus schaffen einen optischen Einklang und Verbindungen. ■

13

Eine Frage des Standpunktes

Natursteinplatten

Wie bei allen Natursteinlösungen sollte auch bei einem Bodenbelag aus Steinplatten lokalen Steinsorten Vorrang eingeräumt werden. Verwenden Sie im Rest der Gartenanlage möglichst die gleiche Steinsorte, um einen optischen Einklang zu schaffen.

Betonsteine

Betonsteine gibt es inzwischen in allen erdenklichen Formen und Farben. Sie sind widerstandsfähig, dauerhaft und aus natürlichen mineralischen Werkstoffen gefertigt.

Natursteinpflaster (Granit)

Nahezu unverwüstlich ist ein Natursteinpflaster aus Hartgestein (z. B. Granit). Der naturnahe und ursprüngliche Charakter des Belags hat allerdings den Nachteil, daß selten eine ebene Oberfläche erzielt wird.

Kies

Für Wasser gut durchlässig ist ein Bodenbelag aus Kies. Geeignet vor allem für Wege und Zufahrten, aber auch schön in der klassischen Kombination mit Buchsbaumhecken in formalen Gärten.

Worauf gehen sie am liebsten – Naturstein, Beton oder Holz? Materialien, Formen, Struktur und Farben des Belagmaterials bestimmen den Charakter ihrer Terrasse entscheidend. Bevor sie eine Entscheidung treffen, sollten sie genau überlegen, welcher Beanspruchung der Sitzplatz am Haus ausgesetzt ist und wieviel Pflege und Zeitaufwand sie ihm zugestehen. ■

Mischbepflasterung

Klinkersteine harmonieren mit fast allen Natursteinpflastern. Bei diesem Beispiel standen klassische Motive Pate.

Holzpflaster

Ob rund oder eckig – Holzpflaster ist ein organischer, die Phantasie herausfordernder Werkstoff. Ideal in der Kombination mit Gartenteichen und Kies.

Klinkerpflaster

Die warme, mediterran inspirierte Farbe ist das wesentliche Merkmal des Klinkersteins, der sich in zahlreichen Mustervarianten verlegen läßt. Es gibt Klinkersteine sowohl mit glasierten als auch mit porösen Oberflächen.

Offenes Pflaster mit Gras

Als minimale Befestigung des Bodens, z.B. für Einfahrten, bietet sich das offene Betonpflaster an. Um ihm die formale Strenge zu nehmen, kann man es auch mit Natursteinpflaster kombinieren.

Holzlattenroste

Lattenroste als Untergrund verbinden auf sympathische Weise die Architektur mit der Natur ums Haus herum. Da Feuchtigkeit dem Holz auf Dauer schadet, sind Lattenroste eine sinnvolle Lösung für überdachte Veranden.

Harmonie aus Stein und Pflanzen – ein kleiner, gepflasterter Sitzplatz am Haus

Rechts ein Beispiel für einen kleinen, mit einfachen Mitteln gestalteten Sitzplatz in der Sonne. Auch in der Stadt, wo jeder Zentimeter Garten

Natur Buch Tip

Dem Übergang vom Beet zum Klinkerpflaster kann mit niedrig wachsenden Steingartenpflanzen die Strenge genommen werden.

kostbar ist, lassen sich solche kleinen Oasen für erholsame Pausen schaffen. Werden bei der Planung diagonale Blickachsen und runde Grundrißformen berücksichtigt, wirkt auch ein kleiner Platz optisch größer. Klinkersteine aus einem Abbruch bilden das Pflaster,

das sich teilweise als Beeteinfassung auch weiterführen läßt.

| siehe auch Seiten 14/15

Über den Schuppen legen sich die langen Triebe des Geißblattes. Wilder Wein verdeckt die Brandmauer des Nachbarhauses. Die leuchtenden Blüten des Ranunkelstrauches, der direkt davor gepflanzt wurde, beleben in der Sommersaison zusätzlich die grüne Wand. Davor bleibt noch genug Platz für

Wird sowohl auf eine vertikale als auch auf eine horizontale Gliederung der Beete geachtet, kann auch auf kleinem Raum üppige Blütenpracht entstehen, ohne daß sich die Pflanzen gegenseitig unterdrücken.

Zeitig im Frühjahr leuchten die Blüten der Kelch-Wildtulpe in vielen Farben. Nah am Sitzplatz sollten kleinwüchsige Sorten wie z. B. Tulipa kaufmanniana 'Stresa' gewählt werden.
🪴 **15–20 cm**
🌸 **III–IV** ▱

Ein idealer Bodendecker ist das Große Immergrün mit seinem saftig-dunkelgrunen Laub und den sternförmigen blauen Blüten.

Als Sichtschutz und Augenweide gleichermaßen gut geeignet: der Ranunkelstrauch. Die gefüllte Sorte 'Pleniflora' blüht durchgehend, je nach Lage schon ab Mitte März bis in den Spätsommer.
🪴 **bis 2,5 m**
🌸 **III–VIII**

Kleiner, mit Klinkersteinen gepflasterter Sitzplatz vor dem Haus, mit Bistrotisch und Kübelpflanzen.

ein kleines Staudenbeet mit niedrigen Blütenpflanzen und duftenden Kräutern. Die Nähe zum Haus und damit zur Küche macht die Kombination von Würzkräutern mit dekorativen Blumen in den Beeten wirklich sinnvoll.

siehe auch Seiten 48–51

Die südliche Atmosphäre wird durch einen Bistrotisch und Kübelpflanzen betont. Schwere Holz- oder Kunststoffmöbel wären auf solch engem Raum fehl am Platze. Wenn Sie Treppen, Absätze und Mauervorsprünge mit in den Garten einbeziehen, indem Sie sie mit Topfpflanzen und dekorativen Elementen (schöne Steine, Wurzeln, Keramik etc.) schmücken, wirken auch kleine Sitzplätze vielseitig und interessant. ■

Das Geißblatt wird zu Recht auch »Jelängerjelieber« genannt. Die mehrere Meter langen, schlingenden Triebe tragen duftende Blüten. Hier die rotorange blühende Hybridsorte Lonicera x brownii.
🌿 🌱 🎁 bis 4 m

Sonne und einen gut durchlässigen, nährstoffreichen Boden braucht die Bartiris, dann belohnt sie mit wundervoll bizarren, großen Blüten.
🌿 🌱 🎁 60–80 cm
❀ IV–VI

Zweijährig sind die vielfarbigen Bartnelken, die sich an geeigneten Plätzen immer wieder selbst aussäen.
🌿 🌱 🎁 25–30 cm
❀ V–VII

Die Terrasse – das Wohnzimmer im Freien

Große Terrassen, die im Sommer ein »Wohnzimmer im Freien« sein können, lassen sich vielfältig gestalten.

Eine ideale Verbindung zwischen der Terrasse und den umgebenden Rasenflächen bildet diese Treppe aus Natursteinplatten, die durch die Blumenrabatten führt.

Wichtig ist neben der richtigen Befestigung des Untergrundes auch die Anlage der die Terrasse umgebenden Beete. Sie sollten den umherschweifenden Blicken immer wieder Grund zum Verweilen geben, ohne die Wirkung des dahinterliegenden Gartens zu beeinträchtigen. Blütenstauden sollten daher nicht zu hoch sein. Heben

Sie sich Blütensträucher also für die Grundstücksgrenzen auf, außer wenn sie einen Sichtschutz zum Nachbarn wünschen. Bei der Komposition der Staudenbeete sollten Sie daran denken, daß das Beet die ganze Sommersaison blüht. Kombinieren Sie also nicht ausschließlich Frühjahrsblüher oder nur Herbstblüher miteinander!

siehe auch Seiten 20/21

Wenn kleine Kinder im Garten spielen, sind ungiftige Pflanzen

den giftigen vorzuziehen, denn gegen die kindliche Neugier, alles in den Mund zu stecken, kommt auch die beste Aufsicht der Eltern nicht an. Das gleiche gilt natürlich für stachelige Gewächse. ■

In prachtvollem Blau leuchtet der Rittersporn aus jedem Blumenbeet heraus. Es gibt auch eine weiße Variante.
🎚 ▦ 🎁 80–120 cm
✿ VI–VIII 🌱

Taglilien gibt es in unzähligen Farben und sogar mehrfarbige und gefüllte Sorten. Durch geschickte Sortenkombinationen kann man die Blütensaison von Mai bis September strecken.
🎚 ▦ 🎁 80 cm
✿ V–IX 🌱

Die niedrig wachsenden Bergenien, hier z.B. Bergenia ciliata, zeigen im Frühjahr ihre zarten rosa Blüten, bevor sie breite, dunkelgrüne, glänzende Blätter entwickeln.
🖐 🎚 🎁 25–35 cm
▦ ✿ III–V 🌱

Sonniges Staudenbeet

Ein Staudenbeet an der Terrasse sollte von jeder Seite aus ein schöner Anblick sein. Der Plan zeigt ein Beispiel für ein etwa 5 m² großes, inselförmiges Beet in sonniger Lage.

Pflanzenliste für das inselförmige Staudenbeet:

1 *Margerite (Chrysanthemum maximum)*
2 *Ehrenpreis (Veronica gentianoides)*
3 *Wollziest (Stachys byzantina)* **4** *Fein-strahlaster (Erigeron)* **5** *Fingerkraut (Potentilla recta)*

6 *Bergenie (Bergenia ciliata)*
7 *Blumenlauch (Allium schoenophrasum)* **8** *Rittersporn (Delphinum x belladonna)* **9** *Montbretie (Crocosmia)* **10** *Funkie (Hosta-Hybride)* **11** *Kissenaster (Aster dumosus)* **12** *Dreimasterblume (Trasescantia)* **13** *Storchschnabel (Geranium)* **14** *Stroh-blume (Helichrysum)* **15** *Storchschnabel (Geranium)* **16** *Zwerg-Schwertlilie (Iris barbata)* **17** *Salbei (Salvia nemorosa)* **18** *Purpurglöck-chen (x Heucherella)* **19** *Goldfelberich (Lysimachia punctata)* **20** *Margerite (Chrysanthemum maximum)* **21** *Gelenkblume (Physostegia virginiana)* **22** *Sonnenauge (Heliopsis scabra)* **23** *Flammenblume (Phlox paniculata)* **24** *Flockenblume (Centaurea dealbata)* **25** *Taglilie (Hemerocallis)* **26** *Fetthenne (Sedum telephium)* **27** *Rauhblattaster (Aster novaeangeliae)* **28** *Storchschnabel (Geranium endressii)* **29** *Sonnenhut (Rudbeckia deamii)* **30** *Ehrenpreis (Veronica virginica)*

Der Storchschnabel bildet hohe, duftige, blühende Polster mit zahlreichen rotvioletten Blüten.
20–30 cm
V–VI

Meist in Blau und Violett blühen die verschiedenen Sorten der Zwerg-Schwertlilie. Sie vertragen Trockenheit genauso wie reichlich Sonne.
20–25 cm
IV–VI

Bildet herrliche gelbe Blütenrispen: der Goldfelberich. Vorsicht! Er wuchert schnell und bildet Ausläufer!
80 cm
VI–VII

Die offen gestaltete Terrasse

st Ihnen eine große Terrasse mit angrenzenden Staudenbeeten wie im vorangegangenen Beispiel zu »leer«? Oder ist Ihr Garten einfach zu klein oder zu schmal für eine deutliche Trennung von Terrassen- und Gartenbereich? Dann können Sie sich vielleicht für einen durch Pflanzen und Pflasterstrukturen stärker gegliederten Sitzplatz begeistern: Die ebene Fläche des Sitzplatzes wird immer wieder aufgelockert durch offene Flächen und Pflanzkübel, in denen Pflanzengruppen ein Thema oder eine Farbe variieren.

siehe auch Seiten 60/61

Statt seitlich begrenzender Staudenbeete leiten kleine Pflanzenarrangements zwischen Trittsteinen, Treppenstufen oder Kieswegen die Blicke in den weiteren Garten und »öffnen« so die formale Terrasse auf charmante Weise. Für diese Art der Sitzplatzge-

---

Attraktive »Lückenfüller«

- **Frühjahrsblüher:**
  Schleifenblume, Narzisse, Krokus, Schneeglöckchen, Märzenbecher, Nieswurz, Winterling

- **Sommerblüher:** *Fleißiges Lieschen, Schafgarbe, Stockmalve, Sommeraster, Margerite, Mädchenauge, Taglilie, Indianernessel, Flammenblume, Ehrenpreis, Spierstrauch, Johanniskraut, Tagetes, Edelpfingstrose*

- **Herbstblüher:** *Fetthenne, Kissen-, Rauhblatt-, Glattblatt- Myrten- und Winteraster, Rittersporn, Sonnenhut, Gelenkblume, Salbei, Eisenhut*

- **Immergrüne und Winterblüher:** *Christrose, Duftender Schneeball, Winterjasmin*

Natur Buch

Hanggrundstücke lassen sich mit offenem Pflaster leichter gestalten, wenn die Anlage auf verschiedene Ebenen abgetreppt wird. Zwischen den verschieden hoch gelegenen, gepflasterten Zonen lassen sich herrliche Beete anlegen.

Die Kombination von Holz mit Steinen eignet sich für Wege und Treppen besonders gut, aber auch Freiflächen lassen sich durch den Materialwechsel vielseitig gestalten.

Eine offen gestaltete Terrasse, hier mit seitlichen Beeten und einem bepflanzten Steintrog, wirkt romantisch und bietet viele Variationsmöglichkeiten.

Leuchtende Farben im Frühjahr und Sommer

Die kleinen, gelben Blütensterne des Winterlings sehen besonders schön in Kombination mit Schneeglöckchen aus. II–III

Die Dichternarzisse sieht nicht nur sehr dekorativ aus, sie duftet auch herrlich. 35–40 cm III–IV

Sonnenhungrige Blütenpolsterstaude: das Sonnenröschen. 15–20 cm V–VI

Scheinmohn sät sich dort, wo er sich wohlfühlt, immer wieder selbst aus. 30 cm V–VII

Aus China stammt die Edelpfingstrose, deren spektakulär große Blüten betörend duften. 80–150 cm VI–VII

Steingartenpflanzen, wie das Hornkraut, füllen mit ihren niedrigen Polstern auch Spalten zwischen Steinplatten. 10–15 cm

staltung eignet sich eine Mischbepflasterung besonders gut, da die verschiedenen Strukturen und Farben des Bodenbelags gleichzeitig als Beeteinfassung und optische Gliederung dienen können.

siehe auch Seiten 14/15

Wie wäre es denn z. B. einmal mit einer Kombination aus Bahnschwellen oder Holzpflaster als Beeteinfassung? Oder Stufen, die mit Natursteinpflaster kontrastieren? Sie sollten jedoch bei dieser Art der Sitzplatzgestaltung die nötigen Freiflächen für Ihre Gartenmöbel immer groß genug konzipieren, damit auch Besucher noch Platz für einen Stuhl finden. Übrigens eignet sich diese Sitzplatzgestaltung auch gut für Hanggrundstücke, auf denen eine Anlage von Sitzplätzen eher problematisch sein kann. ■

Gemulchte Flächen fügen sich harmonisch in jeden Garten ein und bilden die Grundlage für eine Sitzecke im Grünen.

Freiflächen im Garten – gestalten mit der Natur

Sonnenplätze laden zum Verweilen ein – besonders im Frühjahr und im Spätsommer, wenn die Sonne noch nicht oder nicht mehr so heiß brennt. Wenn Ihr Garten nicht zu sehr dem Wind ausgesetzt ist, lohnt es sich, in die Gestaltung Plätze einzubeziehen, die von allen Seiten frei zugänglich sind. Sie bieten in jede Richtung neue Perspektiven auf die umliegenden Beete und Pflanzungen. Ideal ist so ein Freiplatz in der Nähe eines Teiches oder Wasserbeckens, denn dort gibt es immer etwas zu beobachten. Besonders für Kinder sind Wasserstellen von geradezu magnetischer Anziehungskraft. Sie sollten dabei jedoch nie unbeaufsichtigt bleiben. Aber auch Brunnen oder Sprudelsteine können Zentrum und Blickfang einer Anlage sein. Das leise Plätschern im Hintergrund verzaubert stille

Momente und sorgt obendrein für kühle, frische Luft an heißen Sommertagen.

▌ siehe auch Seiten 30, 32/33

Die Umgebung eines Freiplatzes kann als Themengarten, zum Beispiel als nachempfundene Heidelandschaft oder durch japanische Eindrücke inspiriert sein.

▌ siehe auch Seiten 28/29

Schlichte Rasenflächen haben auch ihren Reiz und sind, gerade wenn Kinder im Garten spielen,

Versteckt zwischen Pflanzen am Teichufer oder auf der Wiese läßt sich der Feierabend genießen. Hier gibt es immer etwas zu beobachten.

je nach Grassorte relativ robust und pflegeleicht. Verwenden Sie

Mitten im Garten, zwischen Rasenfläche und Heidegarten gelegen, ist dieser holzgepflasterte Sitzplatz. Später einmal soll der Ginkgobaum Schatten spenden.

am besten einen Sportrasen, wenn Sie viel darauf herumlaufen wollen. Blütensträucher als Einfassung an den Grundstücksgrenzen schützen vor neugierigen Blicken und garantieren, bei einer sorgfältigen Planung, vom Frühjahr bis zum Herbst vielfältige Blütenpracht. ▪

Wasserpflanzen für die Teichlandschaft

Fieberklee

Eine laubabwerfende, ausdauernde Pflanze für Flachwasserbereiche ist der wuchsfreudige Fieberklee. Er läßt sich leicht durch Ableger vermehren. Seine rosafarbenen Knospen, die weißen Blüten und auch ein Teil der Blätter stehen auf Stengeln über der Wasseroberfläche.

Weiße Seerose

Eher für große Teiche geeignet ist die weiße Seerosen-Hybride 'Gladstoniana'. Sie wird bis zu 2 m breit.

Seerosen-Hybride 'James Brydon'

In kleinen, seichten Teichen und sogar in Fäßern gedeiht die gegen Knollenfäule resistente Seerosen-Hybride 'James Brydon'. Die tiefroten Blüten erreichen nur einen Durchmesser von 10–13 cm. Wassertiefe: 30–45 cm.

Wasseraloe, Krebsschere

Die Wasseraloe oder Krebsschere bildet eine einzelne Rosette von etwa 30 cm. Diese Schwimmpflanze überwintert am Teichboden und steigt im Frühjahr an die Oberfläche auf.

Wasserbecken und Teich in der Nähe eines Sitzplatzes werden noch interessanter durch blühende Schwimmblattpflanzen wie Seerosen oder Randzonenpflanzen z. B. Kalla, Iris, oder blühende Gräser.

Denken sie aber auch an Unterwasserpflanzen wie Wasserfeder, Hornblatt oder Laichkraut, die als Sauerstoffproduzenten wichtig für das ökologische Gleichgewicht eines Teiches sind. Andernfalls müß-ten Sie aufwendige Filtersysteme installieren. Auch manche nur teilweise untergetaucht wachsende Pflanzen, wie die Wasseraloe oder der Wasser-Hahnenfuß, können diese Funktion erfüllen. ■

Sumpfdotterblume

Zeitig im Frühjahr ziehen die dottergelben Blüten der Sumpfdotterblume die Blicke auf sich. In günstigen Jahren blüht sie im Sommer sogar ein zweites Mal.

Kap-Seerose

Sehr anpassungsfähig ist die Kap-Seerose. Sie toleriert eine Wassertiefe zwischen 30 und 60 cm. Ihre halbgefüllten, blauvioletten Blüten stehen weit aus dem Wasser heraus.

Wollgras

Als immergrünen Akzent am sumpfigen Rand des Teiches eignet sich das bis zu 45 cm hohe Wollgras. Zwischen Blatt- und Blütenpflanzen sorgen auch andere Gräser wie z. B. Zyperngras oder Wasserschwaden für Abwechslung.

Gelbe Sumpfschwertlilie

Die europäische Sumpfschwertlilie braucht nasse Füße zum Gedeihen. Ihre gelben Blüten leuchten weithin sichtbar. Wer lieber blaue Blüten mag, wählt die etwas kleinere Amerikanische Sumpfschwertlilie.

Goldkeule

Die Goldkeule, auch Goldkolben genannt, ist eine laubabwerfende, ausdauernde Pflanze mit rhizomartiger Wurzel für bis zu 30 cm tiefe Wasserbecken. Sie wird 30–45 cm hoch und ca. 60 cm breit.

Ein Sitzplatz im Grünen

Für Mußestunden muß es nicht immer eine große Sitzfläche mit aufwendiger Befestigung des Untergrundes und Staudenbeeten sein. Vielleicht besitzen Sie ja auch nur einen kleinen Stadtgarten und möchten den Blick vom Haus auf den Garten nicht ständig durch Terrassenmöbel verstellt haben. In diesem Fall reicht Ihnen möglicherweise ein Stückchen Rasen, umgeben von Blütensträuchern oder Kletterrosen und schmalen Beeten, die zugleich Kräuter- und Küchengarten sein können.

siehe auch Seiten 50/51

In größeren, naturnah gestalteten Anlagen fügt sich ein kleiner Freiplatz, der bei Bedarf mit leichtem Gartenmobiliar in einen Sitzplatz verwandelt werden kann, harmonisch in die Umgebung ein. Holzpflaster oder Bahnschwellen schaffen in Rasenflächen organisch integrierte Unterlagen für

romantische Sitzplätze. Wird die Holzoberfläche rutschig, reinigt man sie mit einer harten Bürste. Noch leichter geht es mit einem Hochdruckreiniger. Für die sommerliche Blütenpracht sorgen entweder üppig blühende

siehe auch Seiten 88/89

Kübelpflanzen wie Indisches Blumenrohr oder robuste Stauden wie z. B. Sonnenhut, Dahlien, Phlox oder Bunte Schafgarbe, die man am besten in großen Gruppen pflanzt. Die Blüten dürfen hier gern bunt und auffällig sein, da sie in der Umgebung keine Konkurrenz haben, auf die Rück-

Natur Buch
Tip

Mit Blumenzwiebeln können Sie Rasenflächen früh im Jahr, wenn sie weder viel begangen noch gemäht werden müssen, abwechslungsreicher gestalten. Denken Sie rechtzeitig im Herbst daran, die Zwiebeln im Boden einzugraben. Maschendrahtkörbchen um die Zwiebeln verhindern, daß sie von Wühlmäusen gefressen werden.

sicht genommen werden muß. Stachelige oder dornige Pflanzen sollten Sie in der unmittelbaren Nähe von Sitzplätzen jedoch besser vermeiden, obwohl auch ein Beet mit duftenden Edelrosen einen besonderen Reiz hat. ■

Mit seinen großen Blättern und den üppigen Blütenständen ist das Indische Blumenrohr eine prächtige Ergänzung sonniger Freiflächen. Die rhizomartigen Knollen müssen, ähnlich wie bei Dahlien, im Winter frostfrei und dunkel gelagert werden.

Von Wohlgeruch und sonnigen Farben umgeben: Auf dieser Bank nimmt jeder gern Platz.

Ein romantisches Idyll im Hinterhof: Die dunklen Klinkermauern verlieren durch Kletterrosen, blühende Sträucher und schmale Blumenbeete ihren düsteren Charakter.

Farbige Akzente für Sitzplätze und Staudenbeete

Osterglocken ziehen nach der Blüte die langen, schmalen Blätter ein und ruhen bis zum Frühjahr im Boden.
 30 cm
III–IV

Meist schon im Februar wecken die Blüten des Schneeglöckchens die Hoffnung auf den Frühling.
 10 cm
II–III

Niedrige, 40–80 cm hohe, standfeste Gruppensorten sind bei Dahlien den hohen Sorten vorzuziehen.
VI–VIII

In Gruppen wirkt die Spornblume am besten. Sie ist robust und bildet dichte Horste.
60–70 cm
VI–VII

Der Türkische Mohn kommt an sonnigen Stellen am besten zur Geltung.
80–100 cm
V–VI

Der Goldlack gehört wegen seines Duftes und den leuchtenden Blüten zu den ältesten Gartenpflanzen.
25–30 cm
V–VI

Die Weisheit asiatischer Gärten

Stark besonnte Lagen, besonders in Kombination mit mageren oder extrem steinigen Böden eignen sich nicht immer für üppige Blumengärten.

tisch die Ausgangssituation ist, dennoch interessant und vielseitig gestalten. Wichtig ist die durchdachte Planung von Anfang an, denn das einmal gefundene Gleichgewicht eines fernöstlichen Gartens sollte nicht mehr durch größere Eingriffe gestört werden. Wählen Sie statt einer Rasenfläche Kies und komponieren Sie statt Blumenbeete Felsgruppen und kleine Gehölze miteinander. Immergrüne Koniferen und winter-

Auch für die Fans asiatischer Gärten hält der Fachhandel die passenden Accessoires bereit.

harter Bambus sorgen für das nötige Grün, Blütensträucher vertreten die Jahreszeiten. Schlichte Bänke aus Stein oder Holz, das leise Plätschern eines Brunnens,

Fernöstliche Atmosphäre erzeugt dieser Brunnen, der in eine Farn-und Kieslandschaft vor einen Felsenhintergrund gesetzt wurde.

Neben einem Steingarten lohnt es sich, über die Anlage eines Gartens im fernöstlichen Stil nachzudenken.

| siehe auch Seiten 38/39

Kies und Holzelemente sowie anspruchslose Pflanzen können einen Garten, egal wie problema-

Wirkt wie ein filigranes kleines Kunstwerk: Die Blüte der Ähren-Scheinhasel.
🌱 🗓 1–1,5 m
❀ II–III

Betörenden Duft verströmt diese zierliche Sternmagnolie. Der kleine Strauch blüht im März/April.
🌱 🗓 1–2,5 m
❀ III–IV

Erste Bienennahrung schon ganz früh im Jahr: Die Zaubernuß mit ihren zarten, gelben Blüten.
🌱 🗓 bis 3 m ❀ I–III

Lädt zum Betreten ein: Eine Anlage, die Kies und Trittsteine integriert. Japanische Steinlaternen oder eine attraktive Gartenkeramik bieten dem schweifenden Blick Ruhepunkte.

Tip Natur Buch

Beim Kauf eines Bambusgewächses sollten Sie den Händler fragen, wann die Pflanze voraussichtlich blüht. Bambusarten blühen nur alle 100 Jahre, aber dann alle Pflanzen einer Sorte gleichzeitig, unabhängig davon, wie alt die einzelne Pflanze ist. Da die Pflanzen nach der Blüte in jedem Fall absterben, ist es sinnvoll, eine Sorte zu wählen, die in den nächsten Jahren nicht blühen wird.

In allen Farben blühen Azaleen und Rhododendren. Sie gehören unbedingt in einen Garten fernöstlichen Stils. Hier die Rhododendron-Hybride 'Golden Flame'. ⛰ ▣ 🎁 bis 2,5 m ❀ IV–V

Den Japanern ist sie ein Fest wert: Die Blüte der Tokyo-Kirsche. Zierkirschen, Zierpflaumen oder Mandelbäumchen erfreuen im Frühjahr mit Blüten und spenden im Sommer Schatten. ⛰ ▣ 🎁 bis 4 m ❀ IV

Zu ansehnlichen Bäumen wachsen sich die größeren Magnoliensorten aus. Die Purpur-Magnolie 'Royal Crown' hat imposante rosaviolette Blüten. ⛰ ▣ 🎁 bis 6 m ❀ IV–V

❙ siehe auch Seiten 30/31

Steinlaternen und künstlerisch gestaltete Keramik setzen zusätzliche Akzente. Entscheiden Sie sich besser für schwachwüchsige Bäume, damit Sie nicht zu oft auslichten müssen. Baumschulen bieten nicht nur kleine Koniferen, sondern auch japanische Zierahorn- und Zierpflaumenbäume an. Oder wie wäre es mit einem Ginkgo-Baum? ■

Brunnen – Zentrum und Blickfang

Das sanfte Plätschern von Wasser an einem sonnigen Platz wirkt nicht nur angenehm beruhigend, die Verdunstung des Wassers schafft Kühlung und macht somit auch heiße, trockene Sommertage erträglicher. Als Zentrum und Blickfang eines

Sanft rinnt das Wasser über die ebene Fläche dieses Mühlsteins, der zu einem Brunnen umfunktioniert wurde.

Sonnengartens wirkt ein Teich mit Fontäne gradezu paradiesisch. Doch man muß keinen Garten von parkähnlichen Ausmaßen besitzen, um sich an anregenden Wasserspielen erfreuen zu können. Ein schlichter Kieselbrunnen,

ein Sprudelstein oder ein kleiner Springbrunnen lassen sich ohne großen Aufwand auch in kleinen Gärten verwirklichen. Im Fachhandel gibt es eine Vielzahl von Brunnenmodellen, meistens aus rekonstruiertem Stein oder aus Beton, die bereits alle Armierungen und Anschlüsse für den Wasserkreislauf haben. Es bleibt nur noch Ihrem Geschmack überlassen, ob es nun ein romantischer Springbrunnen mit Putten oder eine moderne Brunnenskulptur sein soll. Reizvoll ist auch ein Kieselbrunnen, der kostengünstig selbst gebaut werden kann und nur wenig Pflege beansprucht. Kiesel- und Mühlsteinbrunnen bzw. Sprudelsteine passen sowohl in naturnah wie auch in formal gestaltete Anlagen. Abends kann man mit geschickter

Steinstruktur und Wasser gehen bei diesem Sprudelstein eine gelungene Kombination ein.

Beleuchtung zusätzliche Effekte erzielen. Die elektrischen Teile der Anlage sollten gut isoliert sein. ■

Das Kaukasische Vergißmeinnicht setzt im Frühjahr blaue Akzente.
🏶 🗓 25 cm ❀ IV

Reizvoll wirkt die Trollblume, wenn sie in kleinen Gruppen im Hintergrund gepflanzt wird.
🌿 🗓 35–45 cm ❀ VI–VII ▨

Sie brauchen für diesen Kieselbrunnen: einen großen Plastikeimer, Polyäthylenfolie (ca. 2 x 2 m), eine Tauchpumpe mit Filter, einen Zulauf mit Durchflussregler, einen Stein als Sockel, ein Stück verzinkten Maschendraht (mindestens 10 cm größer als der Plastikeimer), einen verstärkten Schlauch für das Pumpenkabel, einen Ziegelstein als Pumpensockel und Kiesel unterschiedlicher Größe.

Die dichten Horste des Geißbartes, der etwa einen Meter hoch wird, bilden im Hintergrund einen guten Abschluß des Ensembles.
🏵 🖼 🏠 120 cm
❀ VI 🔆

Sonnenröschen (hier eine rosafarbene Sorte) lenken im Vordergrund die Aufmerksamkeit auf sich. Sie brauchen viel Sonne.
🏵 🖼 🏠 15–20 cm 🔲
❀ V–VI 🔆

Das niedrige Johanniskraut ist als Randbepflanzung und Bodendecker dankbar und robust.
🏵 🖼 🏠 20 cm 🔲
❀ V–VII 🔆

Und so wird's gemacht:

Wenn Sie den Plastikeimer eingegraben haben – der Rand sollte sich etwas unterhalb der Erdoberfläche befinden – legen Sie die Polyäthylenfolie darüber. Schneiden Sie in diese ein Loch, dessen Durchmesser etwa 5 cm kleiner als der Eimer ist. Dies soll zum einen verhindern, daß Erde in den Eimer rutscht, zum anderen aber das aus dem Brunnen herausgepumpte Wasser wieder in den Sammelbehälter zurückfließen lassen. Verbinden Sie nun den Zulauf zur Pumpe zusammen mit dem Durchflussregler und dem Pumpenauslass und setzen Sie die Pumpe auf einen Sockel aus einem Ziegelstein auf den Boden des Eimers. In den über das Folienloch gelegten Maschendraht schneiden Sie ein kleines Loch für das Anschlußrohr. Das Pumpenkabel wird in dem verstärkten Schlauch unter Kieselsteinen versteckt. Füllen Sie nun soviel Wasser in den Eimer, daß die Pumpe bedeckt ist und testen sie den Durchfluß. Sind Sie mit der Pumpleistung zufrieden, füllen Sie den Eimer bis eine Handbreit unterhalb des Randes mit Wasser. Bedecken Sie den Draht von außen nach innen mit Kieselsteinen und verdecken sie die übrige Folie mit Erde. Durch Verändern der Lage einzelner Steine um die Austrittsdüse können Sie raffinierte Effekte erzielen.

Sitzplätze am Wasser

Natur Buch

Ein Teich im Garten bietet fast das ganze Jahr über ein abwechslungsreiches Programm. Was liegt also näher, als sich einen Logenplatz am Ufer zu reservieren? Teiche am Haus oder in der Wiese können

Pflanzen für den Teichrand

Die bei uns heimische Wildform des Mädesüß blüht weiß. Hier eine rote, japanische Hybrid-Sorte.
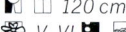  *120 cm*
V–VI

Wenn Schatten am Teich erwünscht ist: Die schnellwüchsigen Weiden passen bestens ans Wasser.
bis 6 m

Bergenien (hier: Bergenia-Hybride 'Abendglut') vertragen eher trockene Böden, also nicht in sumpfiges Gelände setzen!
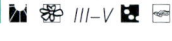 *III–V*

Fühlt sich in feuchtem Boden wohl: die Nelkenwurz.
25–35 cm
V–VI

als Hoch- oder Senkteich, mit Folienauskleidung oder als Fertigbecken angelegt werden. Sowohl bei formalen, kreisrunden oder eckigen als auch bei naturnah gestalteten Teichen sorgt eine geschickte Randbepflanzung mit Blütenstauden dafür, daß die Anlage nicht langweilig wird. Ein das Wasser überragender Steg oder eine Holzplattform zum Sitzen lassen Aus- und Einblicke auf und in das Wasser zu. Wenn Sie sich für Fische im Teich entscheiden, denken Sie daran, daß grade in sonnigen Lagen vermehrt Algen auftreten, deren Wachstum durch

Naturnahe Gartenteiche brauchen, einmal angelegt, nur noch wenig Pflege. Damit Blütenpflanzen noch zur Geltung kommen können, müssen wuchernde Randzonenpflanzen jedoch in Schach gehalten werden.

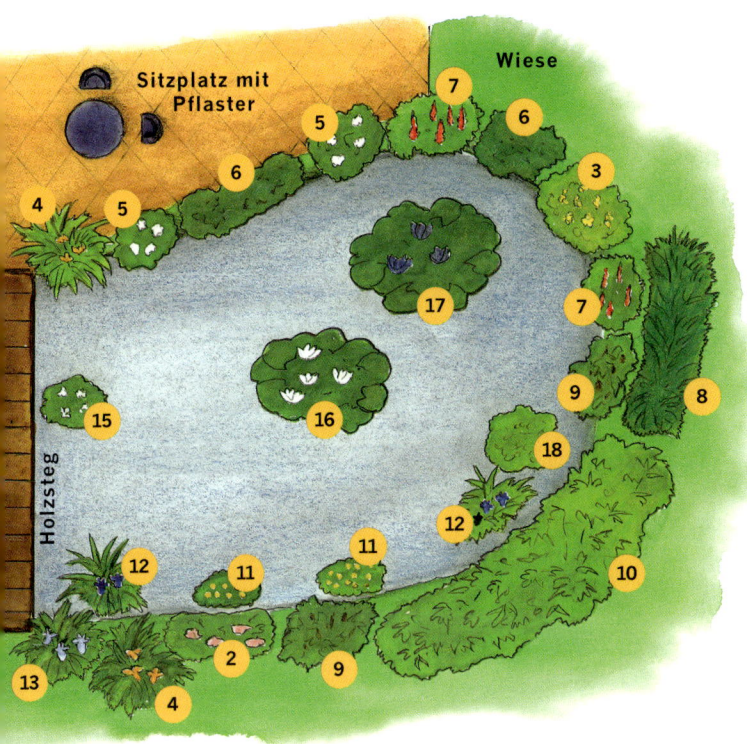

Sitzplatz mit Pflaster

Wiese

7
6
5
3
4
5
6
17
7
15
16
9
8
18
12
12
11
11
10
Holzsteg
13
2
9
4

die Ausscheidungen der Fische begünstigt wird. Das Wasser wird trüb und kann im schlimmsten Fall »kippen«. Ein geringer Fischbesatz und Unterwasserpflanzen helfen besser als chemische Präparate, das Problem in den Griff zu bekommen. Dennoch wird meist eine Filteranlage nötig sein. Mückenlarven lassen sich mit biologischen Mitteln z. B. von der Firma Neudorff in Schach halten. ■

Immer wieder andere Perspektiven ergeben sich durch verschiedene Sitzplätze um den Teich herum.

Vorschlag für eine Teichrandbepflanzung für einen Teich von ca. 8 x 3 m mit sonnigem Sitzplatz. Schlüssel zum Pflanzplan:

1. *Weide (Salix spec.)*
2. *Mädesüß (Filipendula spec.)*
3. *Frauenmantel (Alchemilla)*
4. *Taglilie (Hemerocallis)*
5. *Bergenie (Bergenia-Hybride)*
6. *Schlangenknöterich (Polygonum bistorta)*
7. *Astilbe (Astilbe)*
8. *Segge (Carex)*
9. *Zierrhabarber (Rheum palmatum)*
10. *Bambus (mittelhohe Sorte)*
11. *Sumpfdotterblume (Caltha palustris)*
12. *Schwertlilie (Iris laevigata)*
13. *Wiesen-Schwertlilie (Iris sibirica)*
14. *Froschbiß (Hydrocharis morsus-ranae)*
15. *Wasserfeder (Hottonia palustris)*
16. *Weiße Seerose (Nymphaea alba)*
17. *Kap-Seerose (Nymphaea capensis)*
18. *Tannenwedel (Hippuris vulgaris)*

Der Schlangenknöterich bildet dichte, teppichartige Polster am Teichrand.
🌱 🌿 📏 25 cm
▭ ✿ VI–VII

Wächst in normaler oder feuchter Erde: Die Wiesenschwertlilie mit ihren zierlichen, blauen Blüten.
🌱 🌿 📏 80 cm
✿ V–VII

Für die Flachwasserzone geeignet: Der Tannenwedel, der sich schnell breitflächig ausbreitet.
🌿 📏 25–30 cm

Viele Steingartenpflanzen bilden Polster, mit denen sich auch Trockenmauern herrlich schmücken lassen.

Gärten, die wenig Wasser brauchen

Sonnige Plätze haben naturgemäß eine Tendenz zur Trockenheit. Steht ausreichend Gießwasser (und Zeit) zur Verfügung, ist dies kein Problem. Schwierig wird es dann, wenn der Garten öfter sich selbst überlassen werden muß. Aber auch für diesen Fall gibt es zahlreiche Möglichkeiten, dennoch einen schönen Garten zu gestalten. Steingärten und Trockenmauern mit genügsamen Stauden und Pflanzen anzufüllen, die Durststrecken gut vertragen oder die Gestaltung mit Kübeln und Skulpturen sind nur einige der möglichen Variationen.

siehe auch Seiten 60/61

Besonders reizvoll ist ein Duftgarten mit mediterranen Kräutern und Gewürzpflanzen. Eine freie Kombination aus den vorgestellten Beispielen macht ihren Garten zu einem individuellen Paradies. ■

Mit der Natur planen

Hanglagen, steinige, magere oder sandige Böden und andere Problembereiche, die in der Sonne liegen, lassen sich leichter in einen Garten verwandeln, wenn Sie bei der Planung von der Natur lernen. Schon immer gab es, nicht

Trockenmauern, z. B. an der Grundstücksgrenze, bieten die Möglichkeit, hängende und aufrecht wachsende Steingartenpflanzen zu kombinieren.

nur im Süden Europas, trockene, stark besonnte Flächen, auf denen sich angepaßte Pflanzengemeinschaften entwickelt haben, die mit diesen extremen Bedingungen zurechtkamen. Für den Gärtner ist dies natürlich eine Herausforderung. Solcherart gestaltete Gärten

zeigen keinesfalls eine üppige Pracht, sondern eher eine stille Passion, die jedoch nicht weniger reizvoll ist. Da sie relativ »offen« gestaltet werden können, gibt es viele Variationsmöglichkeiten. Das Grundkonzept eines Steingartens, der durch Felsen und Mauern gegliedert werden kann, läßt sich mit Kübelpflanzen und mobilem Gartenschmuck in Form von Skulpturen, Keramik etc. erweitern.

siehe auch Seiten 88/89

Nicht alle Stellen im Garten sind gleich sonnig und gleich trocken. Nutzen Sie feuchtere oder teilweise beschattete Flächen für »Pflanzinseln«. Vermeiden Sie

Je nach Standort prägt die Auswahl der Pflanzen den Charakter Ihres Steingartens. Hier ein Steinbrechgewächs.

starkzehrende Pflanzen mit hohem Nährstoffbedarf und Bäume, die dem Garten viel Wasser rauben. Versiegeln Sie den Boden nicht mit Beton und verhindern Sie, besonders an Hanglagen, Erosion. Am besten schützen Sie den Boden durch Bodendecker oder eine breitflächige Bepflanzung, die Feuchtigkeit in der Erde halten hilft. Im Frühjahr ist Trockenheit in unseren Breiten meist noch kein Thema, deshalb können Sie sich mit Pflanzen, die ihre Hauptvegetationszeit in dieser Saison haben, dennoch Ihre Blütenträume verwirklichen. Zwiebelgewächse ziehen nach der Blüte die Blätter ein und überdauern genügsam im Boden. Andere Pflanzen haben spezielle Techniken entwickelt, sich vor dem Austrocknen zu schützen. Sie erkennen sie an fleischigen Blättern, die oft mit einer wachsartigen Schicht überzogen sind, oder an dicken Wurzeln, die Wasser speichern können. ■

Natur Buch

Wenn Steine nur als Akzent, zum Beispiel im Steingarten oder als Findling verwendet werden, passen helle Steinsorten besser in sonnige Anlagen. Auch helle Braun- und Rottöne wirken natürlich.

Das starkwüchsige Steinkraut bildet üppige gelbe Polster, die sich gut mit Blaukissen, Gänsekresse und Teppichphlox kombinieren lassen.

Was Sie beachten sollten

Ein natürlicher Eindruck entsteht im Steingarten, wenn ausschließlich eine Gesteinsart, am besten Steine der Umgebung, eingesetzt wird, d.h. entweder heller Kalkstein oder dunkler Schiefer, aber nicht beide zusammen. Auch sollten Steine mit schroffen Bruchkanten nicht mit rundgewaschenen Kieselsteinen kombiniert werden.

Natürliche Gestaltung

Die ausgewaschenen Vertiefungen in manchen Kalksteinen bieten nicht nur einen optischen Reiz für's Auge, sondern auch Siedlungsraum für kleine Steingartenpflanzen, wie z. B. hier für verschiedene Dachwurz-Arten.

Vielfalt der Gesteine

Man unterscheidet bei den Gesteinen grundsätzlich zwischen Hartgesteinen (z. B. Basalt, Granit und Schiefer) und Weichgesteinen (z. B. Sandstein, Muschelkalk und Travertin). Neben Form und Farbe sollte bei der Auswahl der Steinsorte auch die chemische Beschaffenheit eine Rolle spielen. Bestimmte Pflanzen, z. B. für einen Alpengarten, stellen oft besondere Ansprüche an den pH-Wert des Substrates und des angrenzenden Gesteins. Eine pH-Wert–Messung liefert in jedem Fall die nötigen Informationen. Bei einfachen Anlagen spielt dies jedoch keine Rolle.

Heller Muschelkalk, Roter Sandstein

Steinaufschichtung aus einer Steinsorte mit Erdauffüllung, aber noch unbepflanzt.

Stein mit erodierten bzw. ausgewaschenen Vertiefungen, in denen Pflanzen siedeln

In einen Steingarten gehören kleinwüchsige, besonders interessante Blütenpflanzen, die woanders nicht zur Geltung kommen, so wie die Reifrocknarzisse.

Voraussetzung für gutes Gelingen: der Boden

Die Anlage eines sonnigen Steingartens beginnt mit den Erdarbeiten. Schwere, wasserundurchlässige Böden müssen durch groben Sand und Kiesbeimengungen durchlässig gemacht werden. Staunasse Böden sollten durch eine Drainageschicht (z. B. aus Bauschutt und Steinabfällen) entwässert werden. Legen Sie die Wege fest und bauen Sie entweder kleine Trockenmauern oder modellieren Sie die Landschaft durch kleine Hügel, die Sie mit Steinen befestigen. Setzen Sie die großen Steine (Felsen), bevor sie mit den Pflanzarbeiten beginnen, damit Sie später nichts mehr durch die Transporte beschädigen. Steine sollten niemals hochkant in die Anlage gesetzt werden, sie wirken sonst wie Grabsteine oder Denkmäler. Füllen Sie mit unkrautfreier, lockerer Pflanzerde auf. In der Regel mö-

gen Steingartenpflanzen eher kalkige als saure Böden. Kalksteingrus oder alkalische Sande und Kiese verbessern zu saure Böden. Eine praktikable Steingartenerde zum Selbermischen erzielt man mit Gartenerde, Splitt und Einheitserde, Typ P (Pikiererde) oder Kompost im Verhältnis 3:2:1. Das Substrat sollte einen pH-Wert zwischen 6,5 und 8 aufweisen, also neutral bis leicht alkalisch sein. Zum Abdecken der Stellen, die nicht bepflanzt werden und für

Ihre zierlichen, bizarren Blüten, die auf hohen Stengeln sitzen, machen die genügsame Akelei zu einer idealen Steingartenpflanze. Wo sie sich wohlfühlt, sät sie sich jedes Jahr von selbst neu aus.

die Wege können Sie Kies verwenden, den es in allen Farbschattierungen gibt. Sonnengebleichte

Natürliche Vorbilder geben Anregungen für reizvolle Steingartenanlagen.

und wettergegerbte Wurzeln bereichern den Steingarten genauso wie Fossilien und ausgefallene Steine. Überfüllen Sie Ihren Steingarten jedoch nicht mit solchen Schmuckstücken.

siehe auch Seiten 44/45

Er soll in erster Linie durch die Bepflanzung wirken! ■

Steingartenpflanzen für sonnige Lagen

Milchstern

Zwischen sonnigen Steingruppen breitet sich der Milchstern dekorativ aus. Bald nach der Blüte, die im Mai beendet ist, zieht er das Laub ein.

Enzian

Stengellose Enziane wie Gentiana acaulis gehören vor allem in alpin gestaltete Steingärten. Sie blühen vom Frühjahr bis in den Sommer hinein. Eine Sorte, die von Juli bis September blüht, ist der Sommerenzian Gentiana septemfida.

Spinnweb-Dachwurz

Dauerhaft und sehr anspruchslos sind Dachwurzarten, z. B. die Spinnweb-Dachwurz, die mit fast allen anderen Steingartenpflanzen harmonieren. Aus etwa 30 Arten wurden zahlreiche Sorten gezüchtet. Bei manchen Arten erreichen die einzelnen Rosetten bis zu 20 cm Durchmesser.

Steinbrech

Mit über 300 Arten und vielen Zuchtsorten sind die Steinbrechgewächse eine besonders wichtige Gruppe von Steingartenpflanzen. Manche haben dickfleischige Blätter, andere bilden Polster, so wie Saxifraga juniperifolia.

Natürlicher Standort der meisten Steingartenpflanzen ist das Hochgebirge oder karge Felsregionen. Dort siedeln sie in Felsritzen und Spalten, wo ihnen nur wenig Nährstoffe und Feuchtigkeit zur Verfügung stehen. Deshalb eignen sich die meisten von ihnen auch hervorragend für sonnige Lagen. Kombinieren Sie nur schwachwüchsige Arten wie z.B. Dachwurz- und Salzkrustenstein-brecharten oder Edelweiß und Enzian miteinander, wuchernde Nachbarn wie beispielsweise Moosphlox oder Schleifenblume erdrücken zarte Schönheiten sonst schnell. ■

Kalkkrusten-Steinbrech

Dieses Kalkkrusten-Steinbrech bildet große Rosetten, aus denen später die Blütenstände emporwachsen.

Wildtulpe

Zwiebelgewächse wie z. B. diese Wildtulpe bringen im Frühjahr Farbe in den Steingarten. Plazieren Sie sie in kleinen Gruppen vor niedrigen Mauern oder Nadelgehölzen, um eine schöne Wirkung zu erzielen.

Gänsekresse

Ein üppiger, polsterbildender Frühjahrsblüher ist die Gänsekresse. Sie macht sich besonders gut am Rand von Steingruppen oder wenn sie Steinmauern überwächst. Es gibt neben der weißen auch rosablühende Sorten.

Küchenschelle

Die Blatthorste der Küchenschelle erscheinen erst nach der Blüte. Mit einer Höhe von etwa 30 cm und den leicht pelzigen, wunderschönen Blüten ist sie gut für den Steingarten geeignet.

Hungerblümchen

Das Hunger- oder Felsenblümchen (hier: Draba lasiocarpa) sollte immer für sich in kleinen Gruppen stehen, da wuchsfreudigere Nachbarn es leicht überwuchern. Gut wächst es auch in engen Steinspalten.

Karge Schönheit:
der Prärie- oder Steppengarten

Der Prärie- oder Steppengarten ist eine Anlage, die nur bei der ersten Gestaltung wirklich Arbeit macht. Er ist ideal für vollsonnige, sehr trockene Standorte. Kennzeichen der nordamerikanischen Prärielandschaft und der europäischen und asiatischen Steppengebiete ist ein sandiger Boden, eine weite, offene Landschaft ohne Wald und der Wechsel von sehr heißen, sonnigen Tagen und kalten Nächten. Hinzu kommen große Trockenheit und manchmal starke Winde. Wichtig ist bei der Anlage eines Präriegartens eine mehrere Zentimeter dicke Drainageschicht aus Kies- oder Bimsschotter, auf den eine ca. 20 bis 30 cm starke Schicht des vorhandenen Bodens, gemischt mit Blähton, grobem Sand und vielleicht etwas Kalk (ein kg pro m²)

Sehr genügsam ist die Pankrazlilie, deren duftende, weiße Blüten an Narzissen erinnern. Harte Fröste können ihr allerdings gefährlich werden.

Pflanzen für den Präriegarten

- *Mohn, z. B. Kalifornischer Goldmohn (Eschscholzia californica)*
- *Wolfsmilchgewächse, z. B. Walzenwolfsmilch (Euphorbia myrsinites), Himalaja-Wolfsmilch (Euphorbia griffithii) oder Goldwolfsmilch (Euphorbia polychroma)*
- *Palmlilie, z. B. Yucca glauca oder Yucca filamentosa*
- *Beifuß, z.B. Artemisia ludoviciana 'Silverqueen', Artemisia schmidtiana »Nana« oder Artemisia stelleriana »Mori«*
- *Steppenkerze (Eremurus stenophyllus)*
- *Trompetenwinde, z. B. die Sorten Campsis x tagliaburana oder Campsis radicans*
- *Schafgarbe, z. B. Goldgarbe (Achillea filipendula)*
- *Fackellilie (Kniphofia-Hybride)*
- *Sanddorn (Hippophae rhamnoides)*
- *Dachwurz-Arten, z. B. Sempervivum tectorum*
- *Akanthus (Acanthus hungaricus)*
- *Edeldistel, z. B. Stranddistel (Eryngium maritimum)*
- *Iris (Iris)*
- *Mittagsblume (Delosperma cooperi)*
- *Seidelbast (Daphne mezereum)*
- *Hornkraut (Cerastium)*
- *Salbeiarten (Salvia)*
- *Erbsenstrauch (Caragana arborescens)*
- *Ginster (Genista)*
- *Gräser, z. B. Federgräser (Stipa), manche Seggenarten (Carex), Schwingel (Festuca), Lampenputzergras (Pennisetum alopecuroides).*

Pflanzen für den Steppengarten

Die blaugrauen Triebe der Walzenwolfsmilch scheinen wie Raupen über den Boden zu kriechen.
🔲 🔲 📏 *10 cm*
🔲 🔲

Die Mittagsblume hat fleischige Blätter, die sich im Winter dunkelviolett färben. Sie liebt trockene, vollsonnige Standorte.
🔲 🔲 📏 *10 cm*

Noch für kärgste Böden eignet sich der Erbsenstrauch, der mit hellem Laub und gelben Blüten leicht und sonnig wirkt.
🔲 📏 *bis 3 m*

Die Blätter der lilablühenden Elfenbeindistel bestechen wie viele andere Distelarten auch durch ihre Zweifarbigkeit.
🔲 🔲 📏 *2 m* 🔲

Mit 80 cm Höhe ist sie ein Riese unter den sonst eher breitwüchsigen Wolfsmilchgewächsen: die Himalaja-Wolfsmilch.
🔲 🔲

Mit Gräsern kommt filigrane Struktur in den Präriegarten. Hier: Gemeines Blaugras.
🔲 🔲

Etwas Besonderes: Ein Prärie- oder Steppengarten, der extrem trocken und sonnig ist.

aufgebracht wird. Größere Steine, einzeln oder in Gruppen gesetzt, gliedern die Oberfläche und können interessante Strukturen schaffen. Die vorherrschenden Farben für diesen Gartentypus sind Braun-, Rost- und Ockertöne, Rotorange und Gelb, kontrastiert von verschiedenen blaugrauen Grüntönen der Gräser und Blattpflanzen. Gut geeignet für Präriegärten sind z. B. Atriumflächen in Bungalows oder Terrassenhäusern, aber auch Dachgärten oder ähnliche Flächen, da der Boden nicht tief sein muß.

| siehe auch Seiten 86/87

Nicht winterharte Pflanzen wie Agaven und Kakteen müssen im Haus überwintern. Keramikobjekte, Holz- und Metallskulpturen werten die künstliche Prärielandschaft zusätzlich auf. ■

Eine steinige Angelegenheit

Steingärten sind Gartenbereiche mit eigenem, naturnahem Charakter. Man kann sie in fast jeden Garten integrieren. Sonnige Standorte sind in je-

Steinaufschichtungen, die z. B. Böschungen befestigen sollen, kann man mit Dachwurz- oder Mauerpfefferarten dauerhaft begrünen.

dem Fall gut geeignet für Trockenmauern und Steingärten.

■ siehe auch Seiten 40/41

Verwenden Sie nur naturbelassene, unbehauene Steine, um die Ansiedlung von Moosen und Flechten zu ermöglichen. Formale Strenge ist im Steingarten fehl am Platz. Stauden, Gehölze wie Wacholder oder Ilex und kleine

Zwiebelgewächse, z. B. Scilla, Krokus und botanische Tulpen, vor allem aber alpine Pflanzen wie z. B. Mauerpfeffer-, Dachwurz- und Steinbrecharten bilden den Grundstock der Bepflanzung und können durch einzelne »Exoten« mit spektakulären Akzenten kontrastiert werden.

■ siehe auch Seiten 52/53

Kombinieren Sie Saisonblüher verschiedener Jahreszeiten und ergänzen Sie mit immergrünen Pflanzen, um das ganze Jahr über

Dem Rhododendron ähnlich, aber zierlicher und kleinblütiger, daher besser für Steingärten geeignet sind Azaleenarten (hier: Rhododendron dauricum)

Abwechslung zu haben. Schwachwüchsige und zierliche Arten wie z. B. Polsternelken oder das Zimbelkraut finden zwischen Stein-

Mauerpfefferarten (hier: Sedum saxangulare) sind sehr anspruchslos und dennoch dekorativ.
📊 🗓 📦 5–10 cm 🖥 🟩
❀ VI–VII 🎐

Die Grasnelke bildet kleine, wintergrüne Polster, aus denen im Frühsommer rosa oder weiße Blütenpompons herauswachsen.
📊 🗓 📦 10 cm ❀ V–VI

Kleinwüchsige Zwiebelgewächse wie z. B. die Traubenhyazinthe bringen im Frühjahr Farbe in den Steingarten.
📊 🗓 📦 10–15 cm
❀ III–IV

Diese Anlage nutzt die durch die Stufen gegebene Böschung geschickt aus. Eine Kombination aus immergrünen und blühenden Pflanzen gewährt das ganze Jahr über Abwechslung.

fugen den richtigen Ort, um ihre Wirkung zu entfalten. Führen Sie Wege geschwungen durch das Gelände oder verlegen Sie Tritt-steine. Wer viel Zeit und Pflege aufwenden möchte, kann auch einen Teich oder Bachlauf inte-grieren. ■

Zur immergrünen Bodenbedeckung und um Steine zu überwachsen eignet sich Kriechender Wacholder bestens. bis 40 cm

Polsterartig über-wächst die Gemskres-se Steine und Felsen. 5–10 cm

Im Frühsommer breitet das Seifenkraut seine Blüten über Steinbrocken aus. 10–15 cm

Polsterbildende Steingarten-pflanzen für sonnige Lagen

- Stachelnüßchen *(Acaena)*
- Steinkraut *(Alyssum)*
- Wundklee *(Anthyllis vulneraria)*
- Gänsekresse *(Arabis)*
- Blaukissen *(Aubrieta)*
- Zwergglockenblume *(Campanula cochleariifolia)*
- Hornkraut *(Cerastium)*
- Polsternelken *(Dianthus plumarius, D. gratianopolitanus)*
- Hungerblümchen *(Draba)*
- Wollknöterich *(Eriogonum umbellatum)*
- Reiherschnabel *(Erodium)*
- Storchschnabel *(Geranium)*
- Sonnenröschen *(Helianthemum)*
- Gemskresse *(Hutchinsonia alpina)*
- Schleifenblume *(Iberis)*
- Sandglöckchen *(Jasonie laevis)*
- Miere *(Minuartia laricifolia)*
- Teppich- oder Moosphlox *(Phlox subulata)*
- Silberkissen *(Raoulia australis)*
- Seifenkraut *(Saponaria)*
- Steinbrech *(Saxifraga)*
- Helmkraut *(Scutellaria)*
- Zwerg-Gänsekresse *(Schievereckia)*
- Mauerpfeffer *(Sedum)*
- Leimkraut *(Silene)*
- Gamander *(Teucrium)*
- Thymian *(Thymus)*
- Ehrenpreis *(Veronica)*

Mit Keramik, Steinen, Kübelpflanzen und einer lässigen Hand
kann mediterranes Flair in den
Garten einziehen.

Ein Hauch von Mittelmeer

Die Sehnsucht nach dem Süden und nach der Sonne sind eins. Mit etwas Geschick und Phantasie kann man einem sonnigen Garten auch diesseits der Alpen mediterranes Flair verleihen. Wichtiger Bestandteil sind die passenden Gartenmöbel, die nicht zu schwer wirken dürfen. Am besten eignen sich Lattenstühle und Tische mit Gußeisen-Untergestellen, die eine Steinplatte tragen. Auch Korbmöbel fügen sich harmonisch in die südliche Atmosphäre ein. Vasen und Töpfe aus Terrakotta geben mit ihren warmen Farben den Grundton an.

siehe auch Seiten 56/57

Die Auswahl der Pflanzen sollte sich an südlichen Gärten orientieren, muß aber nicht ausschließlich aus Kübelpflanzen bestehen. Viele Kräuter, Blütenpflanzen und sogar einige Feigensorten sind auch bei uns winterhart oder kommen mit einem leichten Winterschutz gut durch die kalte Jahreszeit.

siehe auch Seiten 52/53

Weinreben gedeihen an sonnigen Hauswänden nicht nur im Süden, im Norden wird man aber auf die Ernte der Früchte verzichten müssen. Immergrüne Blattpflanzen wie z.B. Schneeball, Stechpalme, Mäusedorn, Johanniskraut, Efeu

Der bizarre Wuchs des Akanthus gab den antiken Baumeistern die Anregung zur Gestaltung der Säulenkapitelle ihrer Tempel. Auch heute noch wirkt diese Pflanze spektakulär.

oder Immergrün bringen das ganze Jahr über Leben in Ihren Garten. Sorten mit panaschierten

Inbegriff italienischer Gärten: der Zitronenbaum. Bei guter Pflege und kühler, aber frostfreier Überwinterung kann man sogar Früchte ernten.

Blättern wirken heller und leichter. Wählen Sie für die Blütenpflanzen warme, sonnige Farben in Rot-, Gelb- und Orangetönen und wagen Sie als Kontrast dazu doch mal ein kräftiges Azurblau für Tische und Stühle – in der Sonne macht sich das sehr gut. ■

Der Duft des Südens

Paeonie

Nicht nur umwerfend schön, sondern auch himmlisch duftend sind die eindrucksvollen Blüten der Strauchpfingstrosen. Hier: Paeonia lactiflora 'Holbein'.

Duftgeranie

Neben den bekannten Blütenpelargonien (Geranien) gibt es auch Pelargonien, deren Blüten eher bescheiden ausfallen, deren Blätter aber intensiv duften. Die Sorte P. x fragrans duftet nach Muskat und Kiefer, P. crispum 'Queen of Lemons' nach Zitrone, P. capitatum süßlich nach Rosen und P. 'Concolor Lace' verströmt einen aromatischen Kräuterduft.

Pfeifenstrauch (»Sommerjasmin«)

Der falsche oder Sommerjasmin, der eigentlich Pfeifenstrauch heißt, ist ein anspruchsloser Strauch, der auch für Hecken gut geeignet ist. Seine weißen Blüten verströmen einen starken Duft.

Salbei

Von den verschiedenen Salbeiarten gibt es einige weniger stark duftende. Wenn man Salbei als Gewürz oder Teekraut verwenden möchte, sollte man den Echten Salbei wählen, der auch durch schöne, blauviolette Blüten besticht. Interessant ist der großblättrige Muskateller-Salbei, der so riecht, wie er heißt.

Goldlack

Nicht nur die aparte Zeichnung der samtigen Blütenblätter, sondern auch der Duft macht den Goldlack seit alters her zu einer beliebten Gartenpflanze. Er sät sich immer wieder von selbst aus, wobei die Blütenfarbe von einem dunklen Rot bis zum hellen Gelb variieren kann.

Wer nicht nur mit den Augen, sondern auch mit dem Geruchssinn seinen Garten gestalten und wahrnehmen möchte, sollte Pflanzen wählen, deren Düfte sich in der Sonne besonders gut entfalten. Bei manchen Gewächsen duften die Blüten intensiv, bei einigen auch die Blätter; es gibt solche, die als Gewürz verwendbar sind und andere, die nur der Nase schmeicheln. ■

Lavendel

Der echte Lavendel darf in keinem Duftgarten fehlen. Die silbergrauen Blätter und die blauvioletten Blüten passen farblich gut zu Rosen, die er übrigens vor Krankheiten schützen soll. Nach der Blüte sollte Lavendel stark (auf zwei Drittel des alten Busches) zurückgeschnitten werden, damit er schön dicht bleibt.

Englische Rose

Die öfterblühenden, gefüllten Englischen Rosen, eine Kreuzung aus der historischen Centifolia-Rose und modernen, robusten Sorten, sind wie geschaffen für den Duftgarten. Züchter bieten zahlreiche Sorten an. Hier die Sorte 'Abraham Darby'.

Rosmarin

Sowohl die nadelartigen, festen Blätter als auch die hellblauen Blüten des Rosmarins duften herrlich. Da Rosmarin in den meisten Regionen winterhart ist, braucht es nur bei starken Frösten eine Reisigabdeckung. Als Gewürz, als Tee und auch als Bestandteil von Trockensträußen verwendbar.

Basilikum

Wahrhaft königlich riecht (und schmeckt) das Basilikum. Das niedrig wachsende Kraut ist sehr kälteempfindlich, setzen Sie es daher erst im Frühsommer ins Freiland. Besonders aromatisch ist die kleinblättrige Sorte Ocimum minimum. Interessante dunkelrote Blätter hat die Sorte 'Purpurascens'.

Mediterraner Duft im Sonnengarten

Es sind die ätherischen Öle, die den Duft in den Blüten und Blättern mancher Pflanzen so unwiderstehlich machen. Grade die Sonne fördert die Bildung dieser Öle. Was liegt da

Unter den zahlreichen Arten des Geißblattes gibt es einige, die besonders gut duften. Hier: Lonicera x heckrotii.

näher, als einen sonnigen Garten in ein duftendes Abenteuerland zu verwandeln, das vielleicht auch noch das Auge erfreut!

Sie können die Pflanzen nach eigenen Plänen in vorhandene Beete verteilen oder einem Pflanzplan folgen, der sich z.B. an den Heil- und Kräutergärten der Klöster orientiert. Auch in alten Bauerngärten

»Duftrasen«

Duftsteinrich (Lobularia maritima)
Feld-Thymian (Thymus serpyllum)
Oregano (Origanum vulgare)
Pfefferminze (Mentha-Arten)
Römische Kamille
(Chamaemelum nobile)
Salbei (Salvia officinalis)
Zitronen-Thymian
(Thymus x citriodorus)
Zitronenmelisse
(Melissa officinalis)

folgte man oft diesem Schema: Ein mehr oder weniger quadratisches Stück Garten, vielleicht auch der sonnige Innenhof eines Stadthau-

Die Abbildung rechts zeigt, wie ein Duftgarten in der Tradition der alten Heil- und Kräutergärten gestaltet werden kann:

1 *Rosen* **2** *Melisse*
3 *Lavendel* **4** *Weinraute*
5 *Wicke* **6** *Salbei* **7** *Ysop*
8 *Rosmarin* **9** *Pfeifenstrauch*
10 *Pfefferminze* **11** *Oregano*
12 *Thymian* **13** *Liebstöckel*
14 *Schneeball* **15** *Diptam*
16 *Bohnenkraut* **17** *Kamille*
18 *Duftgeranie*

ses, wird durch ein Wegekreuz in vier Beete aufgeteilt. Klassisch ist die Umrandung mit Buchsbaum, aber Sie können die einzelnen

Die ätherischen Öle in Blättern und Blüten des Thymians verleihen der Pflanze ihren typischen Duft.
🌱 🌞 📦 10–20 cm
🔲 🌿

Zwischen weißen und dunkelvioletten Tönen changiert der Flieder, der am besten nach der Blüte zurückgeschnitten wird, damit er auch im nächsten Jahr üppig blüht.
🌱 🌞 📦 bis 5 m
🌸 VI 🌿 IV–V

Ausdauernd und sonnenliebend ist die Zitronenmelisse, die durch regelmäßigen Rückschnitt immer jung und aromatisch bleibt.
🌱 🌞 📦 35–50 cm 🔲

Pflanzen mit besonderem Duft

- *Beifuß (Artemisia vulgaris)*
- *Diptam (Dictamnus albus)*
- *Duftgeranien (Pelargonium)*
- *Geißblatt (Lonicera-Arten)*
- *Glyzine (Blauregen)*
  (Wisteria sinensis)
- *Heliotrop (Sonnenwende,*
  Vanilleblume) (Heliotropium
  arborescens)
- *Lavendel (Lavandula*
  angustifolia)
- *Levkojen (Matthiola incana)*
- *Liebstöckel (Levisticum*
  officinalis)
- *Lilien (Lilium-Arten)*
- *Mädesüß (Filipendula-Arten)*
- *Pfeifenstrauch*
  (»Sommerjasmin«)
  (Philadelphus)
- *Rosmarin (Rosmarinus*
  officinalis)
- *Schneeball (Viburnum-Arten)*
- *Steinkraut (Alyssum saxatile)*
- *Wacholder (Juniperus*
  communis)
- *Weinraute (Ruta graveolens)*
- *Wicke (Lathyrus odoratus)*
- *Wohlriechendes Veilchen*
  (Viola odorata)
- *Ysop (Hyssopus officinalis)*
- *Rosen (Sorten: z.B. die*
  Edelrosen 'Papa Meilland',
  'Duftwolke', 'Erotika', 'Mildred
  Scheel', Strauchrosen:
  'Blossom Time', 'Heritage',
  'Ilse Haberland', Kletterrosen:
  'Compassion', 'Gloire de
  Dijon', 'Coral Dawn'

Beete auch mit Lavendel oder Rosmarin einfassen. In der Mitte, wo sich die Wege kreuzen, kann ein Brunnen, ein kleines Rundbeet oder eine attraktive Kübelpflanze Zentrum und Blickfang sein.

| siehe auch Seiten 88/89

Pflanzen Sie entweder den Gesetzen der Symmetrie gehorchend in alle vier Beete die gleichen Pflanzenkombinationen oder gliedern Sie die Beete thematisch oder saisonal auf. Interessant sind auf jeden Fall Kombinationen aus Blütenstauden und Kräutern, z.B. Rosen mit Lavendel. Wenn Sie nur wenig Platz haben, können Sie auch mit einem »Duftrasen« Ihrer Nase schmeicheln: Ein dicht mit Kräutern bepflanztes Beet, deren Blätter bei Berührung ihren Duft abgeben. ■

Früher eine Bitterstoff- und Duftdroge, heute eine Bereicherung für den »Duftgarten«: der Diptam.
60 cm V–VI

Die Bibernell- oder Dünenrose ist eine frühblühende, zart duftende Heckenrose mit kleinen Blüten.
bis 3 m V–VI

Winterharte Exoten für sonnige Plätze

In nordalpinen Regionen, wo empfindliche Pflanzen im Winter durch Fröste, Nässe und Lichtmangel schwer beschädigt oder gar vernichtet werden können, träumt mancher Gartenbesitzer von der immergrünen, freundlichen Atmosphäre mediterraner

Feigenkakteen (Opuntien) sind härter im Nehmen, als man aufgrund ihres exotischen Aussehens annehmen möchte. Im Sommer entwickeln sie überraschend üppige, bunte Blüten. Hier: Opuntia polyacantha.

Gärten. Dort gedeihen Gewächse, die hier nur im Kübel gezogen werden und beim ersten Anzeichen von Frost eilig ins Haus müssen.

siehe auch Seiten 88/89

Für den aufgeschlossenen Gärtner gibt es jedoch eine breite Palette von Pflanzen, die ihre exotische Herkunft nicht verleugnen können, aber dennoch die hiesigen klimatischen Bedingungen tolerieren. Dazu gehören immergrüne Blattpflanzen wie z.B. die Aukube, der Mäusedorn, diverse Bambusarten oder die Mahonie ebenso wie Blütenpflanzen. Beispiele hierfür sind die Kamelie, die Yucca-Palmen, der Erbsenstrauch oder die verschiedenen Päonien-Sorten. Auch unter so exotisch anmutenden Gewächsen wie Palmen und Agaven gibt es einige frost-

Die aus Südjapan stammende Hanfpalme ist auch in unseren Breiten relativ winterhart. Bei langandauernden Frösten sollte man ihr etwas Schutz geben.

Die immergrünen, ledrigen Blätter der Kamelie und ihre rosenähnlichen Blüten machen sie zu einem attraktiven Zierstrauch mit exotischer Ausstrahlung.
🌿 🏠 ❄ ✿ IV–V

Die Blätter des Mäusedorns oder Hadernblatts sind eigentlich Zweigfortsätze. Aus den unscheinbaren Blüten entwickeln sich im Spätjahr rote Beeren.
🌿 ▨ ▣ ❄ bis 1 m

In den meisten Fällen wird der Lorbeer einen Winterschutz benötigen, wenn Fröste unter 10 Grad Celsius drohen. Vor allem der Wurzelbereich sollte geschützt werden.
🌿 🏠 ❄ bis 3 m
▣ bedingt winterhart

Winterharte exotische Pflanzen

- *Wollmispel (Eriobotrya japonica)*
  In den meisten Regionen winterhart, bringt jedoch nur in frostfreien Lagen Früchte hervor.
- *Wolfsmilchgewächse (Euphorbien)*
  (z.B. E. characias, E. spinosa, E. griffithii, E. polychroma)
  Zahlreiche Vertreter dieser Spezies sind trotz ihres exotischen Aussehens erstaunlich frosthart.
- *Olivenbaum (Olea europaea)*
  Früchte werden Sie kaum ernten, aber das silbergrüne Laub und der bizarre Wuchs älterer Exemplare sind Grund genug, ihn zu lieben.
- *Blauer Eukalyptus (Eucalyptus gunnii).* Läßt sich durch konsequenten Schnitt klein halten, belohnt dafür mit cremefarbenen Blüten.
- *Orangenblume (Choisya ternata)*
  Immergrüner, mittelhoher Strauch mit duftenden, weißen Blüten.
- *Araukarie (Araucaria heterophylla)*
  Wer die eigenartige Pflanze mag, kann sie in den Garten integrieren.

- *Mittelmeer-Zypresse (Cupressus sempervirens).* Für besonders geschützte Lagen und durchlässige Böden geeignet, zaubert sie toskanische Atmosphäre in Ihren Garten.
- *Palmlilie (Yucca filamentosa)*
  Von allen Yucca-Arten die frosthärteste. Sie bringt weiße Blütenrispen hervor.
- *Tamariske (Tamarix parviflora)*
  In milden Lagen wächst die Tamariske zu bizarren Bäumen heran.
- *Hanfpalme (Trachycarpus fortunei)*
  Überwintert ohne Probleme draußen und bildet mit der Zeit einen mehrere Meter hohen Stamm aus.
- *Passionsblume (Passiflora caerulea).* Rankende Schönheit. Selbst, wenn starker Frost die oberirdischen Triebe zerstört, kann sie aus neuen Trieben in einer Saison bis zu 4,5 m lange Ranken bilden.
- *Akanthus (Acanthus spinosus, A. mollis, A. caroli-alexandri,*

  A. dioscoridis, A. balcanicus)
  Zieht in trockenen Sommern und im Winter das Laub ein und treibt im Herbst bzw. Frühjahr wieder aus.
- *Agaven (Agave utahensis, A. utahensis var. kaibabensis (Grand-Canyon-Agave) A. parryi, A. havardiana, A. neomexicana, A. toumeyana)*
  Kleinbleibende, nordamerikanische Arten, die zwar weitgehend frosthart sind, aber leicht faulen, wenn sich Regenwasser in der Rosette sammelt. Tip: Bei winterlichem Regen mit Folie schützen.
- *Feigenkakteen (Opuntien)*
  (Opuntia compressa, O. phaeacantha, O. basilaris, O. polyacantha, O. erinacea var. utahensis, O. rhodantha, O. fragilis, O. whipplei)
  Sehr widerstandsfähige Gewächse. Sie benötigen einen leichten Winterschutz, wenn langanhaltende, harte Fröste drohen und stehen generell gern trocken.

Sogar Früchte kann man vom Feigenbaum in milden Lagen ernten, allerdings setzt dies eine konsequente Pflege und einen kundigen Schnitt voraus.
🏠 💧 🎁 bis 5 m ✂️

Die großen, an der Oberseite glänzenden Blätter der Wollmispel sind an der Unterseite pelzig behaart.
🏠 🎁 bis 4 m ❄️

harte Sorten. In den richtigen Zusammenhang gebracht, können diese Pflanzen einem Garten das ganze Jahr über ein besonderes Flair verleihen. Grundsätzlich gilt: Es sind nicht die Sonnenstunden, die ein Überleben der Exoten sichern, sondern milde Wintertemperaturen.

In Deutschland verläuft die Wetterscheide an den Westhängen der Mittelgebirge von Nord nach Süd. Die östlichen Gebiete sind leider oft zu kalt für die Exoten. In vollsonnigen Lagen sollte man die Pflanzen im Winter bei Frost durch Reisig oder Strohmatten vor dem Austrocknen schützen: Die Sonne entzieht den Pflanzen das Wasser, welches sie aus dem gefrorenen Boden nicht wieder ergänzen können. ■

Ein aus Töpfen komponiertes, bäuerliches Blumenbeet, das immer wieder neu gestaltet werden kann.

Zaubern mit Töpfen

Für Topfgärten auf Terrassen, Balkonen oder im Hinterhof gibt es viele Gründe: Wenig offener Boden zwischen gepflasterten Flächen schränkt die Blütenpracht unnötig ein. Da können Töpfe und Kübel, die man bunt bepflanzt, Abhilfe schaffen. Wege und Blickachsen können, da die Kübel mobil sind, jederzeit geändert werden. So bietet auch ein kleiner Garten öfter mal neue Perspektiven. Wenn Sie ein Liebhaber von exotischen, aber leider nicht winterharten Gewächsen sind, können Sie die Kübel im Haus überwintern. Treppen im Garten oder zum Haus, die sonst statisch und streng wirken, lassen sich mit Topfpflanzen und Kübeln modellieren. Die mobile Pflanzenpracht schafft einen Übergang zum »echten« Garten. Es müssen nicht immer Pflanzgefäße aus dem Fachhandel sein, mit etwas

Improvisationsgabe gelingen auch ganz individuelle und sehr reizvolle Arrangements in anderen Gefäßen. Mit Jute ausgekleidete Körbe, angeknackste Suppenschüsseln, dekorative Blechdosen, alte Zinkwannen, Futtertröge oder was auch immer – Ihrer Phantasie sind keine Grenzen gesetzt.

siehe auch Seiten 56/57

Hauptsache, die Pflanzen fühlen sich wohl und passen zu den Gefäßen. Achten Sie aber darauf, daß

Mit kleinen Schmuckobjekten wie z. B. dieser Terrakotta-Rosette aus Impruneta-Ton kann man große Kübel zusätzlich beleben.

die Pflanzbehälter ein Abflußloch für überschüssiges Gießwasser haben. Wenn der Untergrund, auf dem das Gefäß steht, empfindlich

Auch wenn kein Platz zum Pflanzen in der Erde da ist, kann man mit bepflanzten Töpfen und Kästen dennoch Atmosphäre schaffen.

ist, sollten Sie einen Untersetzer unter den Topf stellen. Achten Sie nicht nur darauf, daß die Pflanzenwurzeln genug Platz im Topf haben, sondern auch darauf, daß die Töpfe sowohl von den Proportionen als auch von den Farben und der Struktur zu den Pflanzen passen. ■

Für jede Pflanze den richtigen Topf

Pflanzgefäß aus Holz mit Fleißigen Lieschen

Holzkübel, ob als Faß oder in viereckigen Formen, wirken immer etwas schwer und sollten nur für größere Arrangements gewählt werden. Um sie vor Verwitterung zu schützen, empfiehlt sich eine (ungiftige!) imprägnierende Holzlasur.

Steinguttröge (Sauerkrauttopf)

Besondere Atmosphäre, z.B. für einen Garten im Bauern- oder Landhausstil, zaubern antike Steinguttöpfe und Sandsteintröge. Da sie meistens kein Abflußloch für überschüssiges Gießwasser haben, eignen sie sich mehr als Übertöpfe. Alternativ dazu kann man sie unten anbohren und eine Drainageschicht aus Blähton unter die Pflanzerde füllen.

Steingutgefäße mit glasierter Oberfläche

In den letzten Jahren immer mehr in Mode gekommen: Gartenterrakotta und Steingut mit farbig glasierten und bemalten Oberflächen. Bunte Akzente für exponierte Stellen und Blattpflanzen.

Mit den richtigen Töpfen und Kübeln bringen Sie Ihre Pflanzen zur Geltung. Wählen Sie die Pflanzgefäße nicht zu klein, da die Pflanzen meist die ganze Saison über noch wachsen. Zu große Gefäße lassen die Pflanzen kümmerlich aussehen. Über den Rand hängend wachsende Begleitpflanzen (z. B. polsterbildende Steingartenpflanzen wie Mauerpfeffer oder Duftsteinrich) kaschieren zu groß ausgefallene Kübel. Wichtig bei allen unglasierten Blumentöpfen und Kübeln aus Terrakotta: vor dem Bepflanzen gründlich wässern. Der saugfähige Ton macht sonst den Pflanzen das Wasser streitig. ■

Topf mit seitlichen Pflanzlöchern

Wer viel auf kleinem Raum unterbringen möchte, sollte es einmal mit diesem Gefäß versuchen: Terrakottatöpfe mit mehreren seitlichen Pflanzlöchern erlauben es, verschiedene Kräuter oder Blütenpflanzen gleichzeitig zu kultivieren. Hier wurde eine kleine Erdbeerplantage angelegt.

Bepflanzte Holzkiste

Individualisten lassen sich in ihren Ideen nicht einschränken. Jedes Behältnis läßt sich zum Pflanzgefäß umfunktionieren, ob es nun alte Konservendosen oder ausrangierte Töpfe, Schüsseln oder, wie in diesem Fall, eine alte Holzkiste ist. Mit starker Folie ausgeschlagen trotzt sie auch der Verwitterung durch Fäulnis eine gewisse Zeit.

Klassischer Tontopf (rund) in verschiedenen Größen

Preiswert, gut und in jeder Größe zu haben: der Standard-Blumentopf aus Ton. Wem dies zu schlicht ist, der kann Übertöpfe verwenden oder zwischen überall erhältlichen italienischen Varianten in verschiedenen Formen wählen.

Wunderland der Phantasie – Zierobjekte für den Garten

Gärten leben nicht allein von Grünpflanzen und Blüten. Neben dem Gartenmobiliar, das einen bequemen Aufenthalt garantiert, beleben dekorative Töpfe, Kübelpflanzen, Schalen, Vasen und Statuen heute wie damals Gärten und Parkanlagen. Zierelemente lockern den Garten auf, setzen Akzente und schaffen neue Perspektiven. Dabei muß es sich nicht immer um den altbekannten Gartenzwerg oder die Putten aus dem Gartencenter handeln, lassen Sie Ihrer Phantasie mal freies Spiel und gehen sie wachen Auges durch Geschäfte, über Flohmärkte oder auch einfach in die Tiefen des eigenen Kellers oder Dachbodens. Bunte Keramiken, Holz- Metall- oder Steinobjekte, witzige Accessoires oder persönliche Erinnerungsstücke können die Blicke auf sich ziehen. Alles kann in den Garten integriert werden, vorausgesetzt, es ist witte-

Ob vom Flohmarkt oder aus dem Gartencenter – liebenswerte kleine Accessoires, richtig plaziert, geben Ihrem Garten eine persönliche Note.

Die Kombination von Kübelpflanzen und schmückenden Figuren wie z. B. dieser Gans, ziert die Beete, wenn dort grade mal kein Blütenflor das Grün belebt.

Interessanter Blickfang auf der Wiese: eine Stahlskulptur, die von allen Seiten betrachtet werden will.

*Wie ein Wächter steht diese Metall-
skulptur am Teichrand. Bambus
sorgt das ganze Jahr über für einen
grünen Hintergrund.*

*Immer etwas Blühendes vor
der Haustür hat man mit einem
bunten Sammelsurium von
Töpfen, die immer wieder neu
kombiniert werden können.*

 Natur Buch

**Objekte am Erdboden werden
schnell übersehen. Setzen Sie sie
auf einen Sockel aus Ziegel- oder
Bruchstein, stecken Sie sie auf Holz
oder Bambusstöcke oder plazieren
Sie sie auf Mauervorsprüngen.**

rungsbeständig und frosthart.
Wenn einzelne Objekte die Zeiten
nicht überdauern müssen, sind
die Spuren der Verwitterung, z. B.
auf Holz- und Metalloberflächen
oder bei natürlichen Objekten wie
Muscheln, Knochen oder ge-
trockneten Pflanzenteilen, sehr
reizvoll. Kleine Gärten werden
durch mobilen Gartenschmuck
vielseitiger, große Gärten kann
man durch Skulpturen und Zierelemente persönlicher gestalten.
Bei aller Dekorationsbegeisterung
sollten Sie jedoch im Hinterkopf
behalten, daß Größe, Form und
Material der Zierobjekte zum
Haus und zum Stil des Gartens
passen sollten. ■

Gestaltungsideen für Kübelpflanzenfans

Für Balkone und Terrassen kennt man zahlreiche Kübelpflanzen – meistens Exoten wie Oleander oder Engelstrompete – die nur saisonal im Freien stehen. Aber auch zahlreiche winterharte Stauden und viele einjährige Sommerblumen kann man in Kübel oder dekorative Töpfe pflanzen. Lücken im Blumenbeet, zum Beispiel im Spätfrühjahr, wenn die Blumenzwiebeln abgeblüht sind, lassen sich durch einen vorübergehend dort plazierten Kübel mit blühenden Pflanzen solange ausfüllen, bis die nächste Generation Beetpflanzen herangewachsen ist. Außerdem ist es möglich, immer wieder neue Kombinationen einfach durch Verrücken der Töpfe zusammenzustellen. Innenhöfe ohne offenen Erdboden, Randzonen von Terrassen oder Einfahrten, Treppen und Dachterrassen lassen sich mit Kübelpflanzen lebendig und vielfältig gestalten.

■ siehe auch Seite 88/98

Niedrig wachsende Polsterstauden kommen, wenn man sie in einen höheren Kübel pflanzt, mehr zur Geltung. Allerdings eignet sich nicht jede Pflanze für die Topfhaltung. Sommerblumen, die nur eine Saison durchhalten müssen, z.B. die Balkonpflanzen, können problemlos in Einheitserde gesetzt werden. Mehrjährige Stauden brauchen mit Lavamehl, Rindenmulch oder Blähton ver-

Es müssen nicht immer typische Balkon- oder Kübelpflanzen sein: Hier gedeiht Goldlack in einem Kübel aus glasiertem Steingut.

besserte Erde. Am besten setzen Sie gleich beim Eintopfen einen organischen Langzeitdünger, z.B. Hornspäne, zu. Achten Sie auf jeden Fall darauf, daß die Pflanzgefäße frosthart sind.

■ siehe auch Seiten 65/57

Manche Pflanzen brauchen viel Wasser. Das macht sie für einen sonnigen Topfgarten zu echten Pflegefällen. Wählen Sie besser robuste Sorten. Dazu zählen vor allem alpine Stauden wie Stein-

Ein buntes Sammelsurium von Töpfen, Kübeln und Fäßern bietet herrliche Kombinationsmöglichkeiten für Pflanzenfans.

Töpfe und Kübel schaffen auch dort eine lebendige Atmosphäre, wo sonst kein Garten angelegt werden kann.

Natur Buch

Da ihnen im Kübel die Erdwärme fehlt, reagieren normalerweise frostharte Stauden empfindlicher auf Minusgrade. Überwintern Sie sie am besten in einer unbeheizten Garage, damit sich weder Staunässe noch Fäulnis in den Töpfen breit machen können.

brech- oder Mauerpfefferarten, die sich übrigens auch gut als Unterbepflanzung am Fuß mediterraner Kübelpflanzen machen, sowie Kräuter wie Katzenminze, Raute, Lavendel oder Salbeiarten.

siehe auch Seiten 44/45

Im Herbst in Töpfe gesetzte Blumenzwiebeln sind im Frühjahr mobile Farbtupfer im Garten. Gut eignen sich auch mittelhohe Blütenstauden wie z. B. Rudbeckia, Dahlien und Rosen sowie das niedrige Gänsefingerkraut und Sonnenröschen. ■

Niedrige Stauden, wie diese Katzenminze, kommen in einem Topf besser zur Geltung.

Ein alter Taubennistkasten aus Ton wurde hier zur neuen Heimat für dekorative Dachwurz-Rosetten.

Auch Sonnenhungrige brauchen manchmal Schatten: Unter dieser Pergola läßt es sich träumen.

Der Sonne einen Dämpfer geben

In alten Gärten findet man oft herrliche schattenspendende Bäume. Aber auch bei einer Neuanlage, wo alter Baumbestand fehlt, braucht man auf ein schattiges Plätzchen nicht zu verzichten. Eine Möglichkeit, die Kraft der Sonne etwas zu mindern, sind Sonnenschirme und Markisen.

siehe auch Seiten 82/83

Auf eine andere Art schaffen Lauben, Pergolen oder Spaliere nicht nur Schatten, sondern sorgen auch für Intimität im Garten. Darüberhinaus können sie dem Garten eine Gliederung und Struktur geben. Die Grundkonstruktion aus Holz oder Metall können Sie mit unterschiedlichen Pflanzen beranken, mit Zeltstoff in der Art eines Paravents bespannen oder mit Bambusmatten verkleiden. So schützen Sie sich vor Wind, Sonne und neugierigen Blicken. ■

Grüne Wände im Garten

Für Spaliere und Rankgitter im Garten, die vor Sonne schützen und einen privaten Raum schaffen, benötigen Sie Bauelemente

Ein Platz, wie geschaffen für die Siesta im Schatten: Spaliere bieten Sonnenschutz und eine intime Atmosphäre.

aus Holz oder Metall. Es gibt in Baumärkten alles, vom Selbstbausatz bis hin zur fertigen Laube. Individualisten sehen es jedoch als Herausforderung an, eine Pergola oder einen Rosenbogen selbst zu konstruieren. Fäulnis und Pilzbefall an Holzteilen tritt bei kesseldruckimprägnierten Nadelhölzern (Kiefer oder Fichte) nicht so

schnell auf, dafür ist dieses Verfahren nicht besonders ökologisch. Verwenden Sie Bio-Produkte zum Imprägnieren oder wählen Sie ein Holz, wie z.B. Rotzeder, das von Natur aus verwitterungsbeständig ist. Wenn Sie bunte Akzente oder vornehme weiße Eleganz in den Garten bringen möchten, können Sie auch Farbanstriche wählen. Lamellenwände aus Zedernholz schützen vor Wind und können, kombiniert mit einer darübergeführten

Nostalgisch inspiriert ist dieser Pavillon – eine von Schlingknöterich berankte Eisenkonstruktion.

Die Glyzine, auch Blauregen genannt, ist eine beliebte, besonders starkwüchsige Kletterpflanze, die, wenn sie nicht regelmässig zurückgeschnitten wird, enorme Ausmaße erreicht.

Pergola, eine Art Laube schaffen, die mit Kletterpflanzen begrünt werden kann. Wer weniger Aufwand betreiben und dennoch eine vertikale Gliederung im Garten haben möchte, kann auch einfach ein festes Seil zwischen Bäumen oder vom Haus zu einem Pfahl spannen, an dem Kletterpflanzen entlangranken und einen grünen Vorhang, bestickt mit Blüten bilden können. Schöner und auch dauerhafter sind aber in jedem Fall Konstruktionen, die sich auf Pfosten stützen. Wenn Sie den

Tip
Natur Buch

Ideal für Terrassen und Balkone sind stabile Rankgitter, die an rechteckigen Pflanzgefäßen aus Holz befestigt werden. Setzt man Rollen darunter, kann man diese blühenden Wände nach Bedarf wie einen Sonnenschirm oder Paravent hin- und herrücken.

Pflegetips

Schützen Sie rohes Holz, besonders Weichhölzer, vom ersten Tag an mit einer Lasur gegen Fäulnis und Bläue. Besonders anfällige Stellen sind die Enden abgesägter Pfosten, die eventuell mit einer Abdeckung aus verzinktem Metall geschützt werden.

Garten nur als Mieter oder Pächter nutzen, sollten Sie vor dem Errichten der festen Bauteile darüber mit dem Eigentümer des Grundstückes sprechen, damit es nicht zu Konflikten kommt. Auch ein Gespräch mit eventuell vom Schatten »profitiernden« Nachbarn erspart nachträglichen Ärger. ■

Grüne Wände schaffen

Intime Schattenplätze im Sonnengarten schafft man am besten durch solche Rankgitter. Bei dieser Konstruktion wurde das Gitter frei zwischen zwei Pfosten aufgehängt, so daß es keinen Bodenkontakt hat. Im Sommer wird es dann von üppigen Kletterpflanzen dicht begrünt, während es im Winterhalbjahr, wo die Tage ohnehin schon dunkel genug sind, das Licht durchläßt.

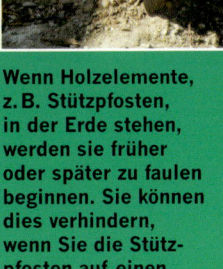

Wenn Holzelemente, z. B. Stützpfosten, in der Erde stehen, werden sie früher oder später zu faulen beginnen. Sie können dies verhindern, wenn Sie die Stützpfosten auf einen Betonsockel mit Pfostenanker setzen.

Verwenden Sie zum Verschrauben von Holzteilen im Freien immer verzinkte Schrauben oder rostfreie Messingschrauben. Andernfalls bringt vielleicht schon ein harter Winter durch Rost an den Schrauben Ihre Konstruktion zu Fall.

Spaliere aus vorgefertigten Teilen erleichtern dem Laien die Arbeit. Mit Rosen, Clematis oder anderen Kletterkünstlern berankt, bilden sie einen vertikalen Blickfang und Sichtschutz.

Hoch hinaus: Kletterpflanzen für sonnige Spaliere

Ein schattiges Refugium in einem Sonnengarten erlaubt private Momente der Entspannung in heißen Mittagsstunden. Sie können Sicht- und Sonnenschutz miteinander verbinden und darüberhinaus Kletterpflanzen einen Ort zur optimalen Entfaltung bieten, indem Sie Pergolen oder Rankgitter im Garten errichten. Bei den Kletterpflanzen gibt es Selbstklimmer wie die Jungfernrebe und solche, die eine Rankhilfe benötigen, wie Weinreben oder Geißblatt. Manche, wie der Schlingknöterich, die Trompetenwinde oder die Glyzine, sind extrem starkwüchsig und verwandeln das Rankgitter in eine grüne Wand. Andere, wie die Clematis oder Kletterrosen, sind zurückhaltender und glänzen dafür mit ihren Blüten. Nahezu alle Kletterpflanzen sind sehr sonnenhungrig (Ausnahme: der Efeu) und

daher gut für sonnige Gärten geeignet. Wird der Kletterpflanze zuviel Freiheit gelassen, macht sie sich nach oben aus dem Staub, d.h. sie verholzt im unteren Bereich und Sie werden die Blüten nur noch in unerrreichbarer Ferne sehen können. Regelmäßiger Rückschnitt, bei Rosen vor allem das Ausschneiden der verwelkten Blüten, garantiert einen dichten Wuchs. Wenn Sie Kletterpflanzen nicht nur an eigens errichteten Pergolen oder freistehenden Rankgittern ziehen, sondern eine Haus-

Die Kletterrose 'New Dawn', kombiniert mit Jungfernrebe als Sichtschutz.

wand (eventuell sogar die des Nachbarn) mit integriert werden soll, empfiehlt es sich, deren Tauglichkeit zu prüfen und sich

Sehr dekorativ: Herbstlaub und Früchte des Wilden Weins.

mit den Nachbarn zu verständigen, um Bauschäden auszuschließen. Einjährige Kletterpflanzen wie Glockenrebe, Schwarzäugige Susanne, Maurandie oder die verschiedenen Windenarten lassen sich problemlos an Spalieren ziehen. Apart sieht auch die Kombination einer grünen Blätterwand, z.B. aus Wildem Wein, mit Blüten einer Kletterrose aus. ■

Pergolen und Spaliere selber bauen

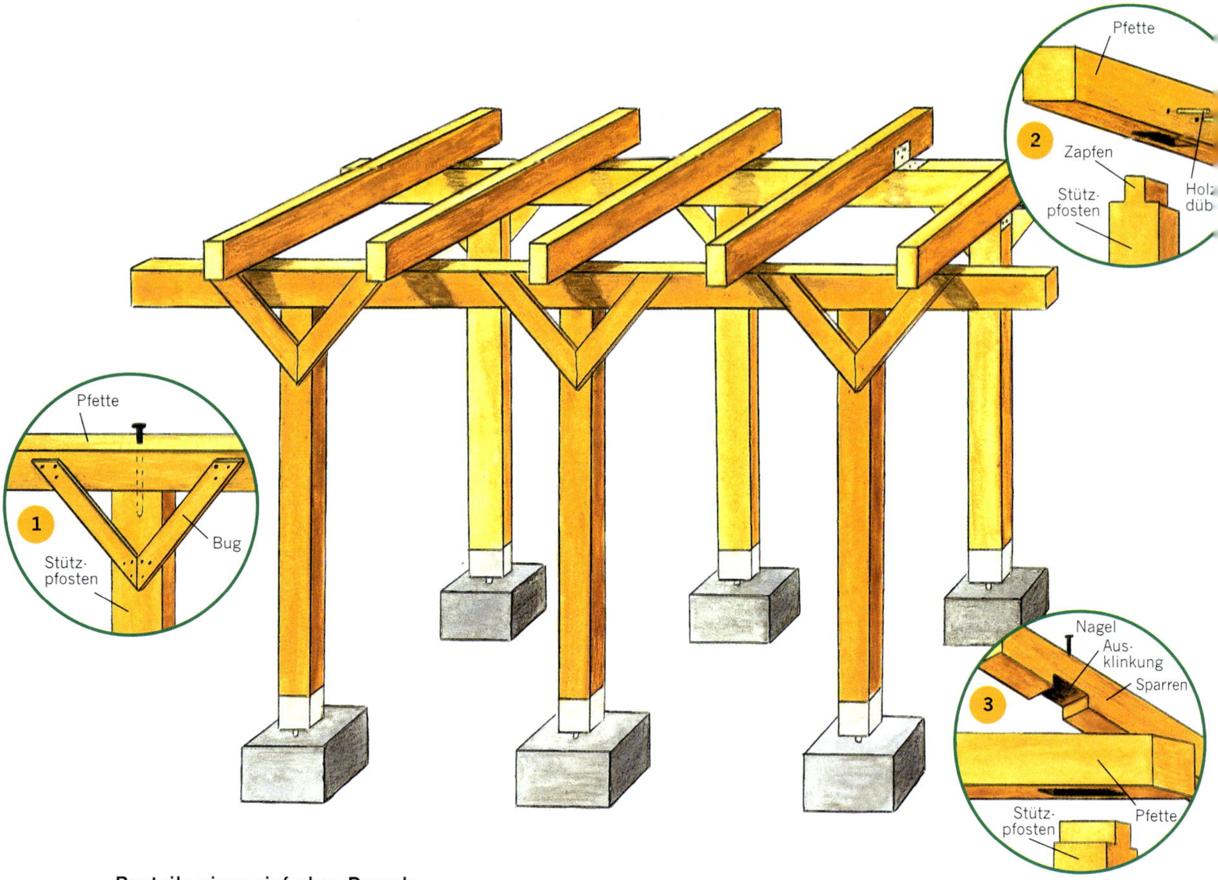

Pfette

2 Zapfen

Stütz-
pfosten

Holz-
düb...

Pfette

1

Bug

Stütz-
pfosten

Nagel
Aus-
klinkung

Sparren

3

Stütz-
pfosten

Pfette

Bauteile einer einfachen Pergola

Die Materialien zum Bau einer Pergola bekommen Sie im Holz- und Baustoffhandel oder im Gartencenter. Neben Holz benötigen Sie in den meisten Fällen auch Sockel, die Sie aus Beton selbst gießen können, ferner Stützenanker, Winkelverbinder, Stützschuhe (verhindern das Faulen der Sockel bei Erdkontakt), Ankernägel, Dübel und Schlüsselschrauben. Ideal sind Kanthölzer von mindestens 12 x 12 bis 16 x 16 cm. Die Stützpfosten sollten mit dem Erdreich nicht in Verbindung kommen. Verwenden Sie daher einbetonierte Stützschuhe aus nichtrostendem Metall, die den Holzpfosten

einige Zentimeter über dem Bodenniveau halten. Die waagerechten Traghölzer (Pfetten) werden durch rostfreie Nägel oder Schrauben mit den Stützpfosten verbunden.

1 *Einfache Holzverbindung durch Nageln oder Schrauben. Der Bug aus zwei diagonal angeschraubten Brettern sorgt für zusätzliche Stabilität.*

2 *Das Verzapfen der Pfetten mit den Stützpfosten. Die Löcher für die Holzdübel bohrt man nach dem Einpassen des Zapfens.Eine bewährte Methode, die jedoch wegen des Aufwandes einem Zimmermann überlassen werden sollte.*

3 *Elegant: Das Aufkämmen der Sparren. Wer nicht über viel handwerkliche Erfahrung und gutes Werkzeug verfügt, sollte diese Arbeit einem Fachmann überlassen. Beim Aufkämmen werden die Sparren an der Stelle, an der sie auf die Pfetten zu liegen kommen, mit einer Ausklinkung, also einer Kerbe versehen, die genau der Breite der Pfette entspricht. Will man es einfacher machen, nagelt oder schraubt man die Sparren nach dem Vorbohren auf die Pfetten. Mit aufgeschraubten Winkeleisen erreicht man zusätzliche Stabilität, ebenso, wenn man Pfosten und Pfetten mit diagonalen Hölzern, dem sogenannten Bug, verbindet.*

Eine Pergola spendet Schatten, bindet den Sitzplatz an die Architektur oder einen markanten Punkt im Garten an und ist obendrein ein ideales Rankgerüst für Kletterpflanzen. Wichtig ist die Auswahl des Baumaterials. Kiefern- und Fichtenholz ist preiswert und leicht zu verarbeiten, hat aber den Nachteil, daß es leicht verrottet. Tropenhölzer sind dauerhafter, aber auch teurer. Außerdem sollte generell überlegt werden, ob nicht auf die Verwendung tropischer Hölzer verzichtet werden kann. Für den optischen Eindruck ist es entscheidend, daß die Proportionen der verschiedenen Bauelemente zueinander passen. Denken Sie daran, daß die Traghölzer einiges an Gewicht aushalten müssen, wenn die Pergola berankt wird. Eine Pergola von etwa 5,5 x 4 m aus imprägniertem Kiefernholz kostet etwa 3500,– DM. Kleinere Pergolen sind schon für unter DM 1000,– zu realisieren. ■

Welches Holz eignet sich?

	Dauerhaftigkeit	Oberflächenschutz	Eigenschaften
Teak	sehr dauerhaft	unbehandelt lassen oder Öl auftragen	Gut für die Herstellung von Gartenmöbeln geeignet.
Iroko	sehr dauerhaft	Ölauftrag oder Anstrich mit dampfdurchlässigem Lack	Unbehandelt verfärbt sich Iroko-Holz beim Verwittern von Grün-Gelb zu Dunkelbraun. Hart, splittert leicht.
Afrormosia	sehr dauerhaft	dampfdurchlässiger Lack oder Farbe	
Luan	mäßig dauerhaft	klare Kunstharzbeschichtung, Farbe, dampfdurchlässiger Lack	Dunkelt in der Luft nach. Preiswerte Alternative zum Mahagoni-Holz.
Mahagoni	dauerhaft	Versiegelung mit Kunstharz, dann Zweikomponenten-Polyurethan-Lack	Attraktive Maserung, leicht zu verarbeiten.
Eiche	dauerhaft	unbehandelt lassen	Hartholz mit schöner Maserung, das grau verwittert.
Lärche	mäßig dauerhaft	kann unbehandelt bleiben, eventuell Anstrich mit einem klaren Holzschutzmittel, Farbe oder dampfdurchlässigem Lack	Stabiles, aber sehr astiges Holz. Harzige Risse und Aststellen müssen vor dem Verarbeiten ausgebessert werden.
Western Red Cedar (Rotzeder)	dauerhaft	keine Behandlung oder dampfdurchlässiger Lack oder Farbe	Leichtes, druckempfindliches Holz, leicht zu verarbeiten.
Zeder	dauerhaft	wie Lärchenholz.	Leicht zu verarbeitendes, aber astiges Holz. Relativ viel Abfallholz.
Douglasie	mäßig dauerhaft	klares Epoxidharz, dampfdurchlässiger Lack oder Farbe.	Sehr stabil mit geraden Fasern. Neigt zum Splittern, deshalb spitze Ecken schmirgeln.
Kiefer	nicht dauerhaft	Holzschutzmittel, dann dampfdurchlässige Farbe oder Lack, Epoxidharz-, anschließend UV-Klarlack.	Nur nach entsprechender Behandlung für die Nutzung im Freien geeignet. Vorteil: preiswert, überall erhältlich.
Sequoia	dauerhaft	unbehandelt lassen oder mit dampfdurchlässiger Farbe oder Lack anstreichen	Leichtes, wenig stabiles, druckempfindliches Holz. Ölig und schwer zu lackieren.

Kletterrosen –
ein himmlisches Vergnügen

Zierde eines jeden Sonnengartens ist eine Rosenpergola. Damit Sie wirklich Freude daran haben und mit reichen Blüten belohnt werden, sollten Sie bei der Auswahl der Sorten für die Bepflanzung darauf achten, daß es verschiedene Arten von Kletterrosen gibt: einmalblühende und öfterblühende Sorten sowie die 'Climbing Sports'. Letztere kombinieren die Langtriebigkeit von Kletterrosen mit den Blüten von Edelrosen, sind allerdings sehr empfindlich und schlagen oft in ihr altes Wuchsbild zurück, d. h. sie bilden dann nur noch kurze Triebe. Die öfterblühenden Rosen verdanken ihre unermüdliche Blühkraft der Einkreuzung der Rosa chinensis aus Asien. Sie sind frostempfindlicher als die einmalblühenden Sorten und sollten im Winter mit Tannenreisig geschützt werden. Alle Kletterrosen sind 'Spreizklimmer', sie brauchen eine Kletterhilfe und müssen an-

Kletterrosen

Einmalblühende Kletterrosen

☐ Alberic Barbier, Bobby James, Direktor Benschop, Polstjärnan, Venusta Pendula

☐ American Pillar, Dorothy Perkins, Gerbe-Rose, Maria Liesa, Mme. Sancy de Parabere, Raubritter, Tausendschön

☐ Excelsa, Flammentanz, Paul's Scarlet Climber, Till Uhlenspiegel, Veilchenblau

☐ Elegance, Frl. Octavia, Glenn Dale

Öfterblühende Kletterrosen

☐ Harlekin, Ilse Krohn sup., Schwanensee, White Cockarde

☐ Bantry Bay, Coral Dawn, Compassion, Lawinia, Morning Dawn, Morning Jewel, New Dawn, Parade, Rosarium Uetersen

☐ Blaze Superior, Coral Satin, Danse du Feu, Dortmumd, Gruß an Heidelberg, Hamburger Phönix, Parkdirektor Riggers, Sympathie

☐ Golden Showers, Goldener Olymp, Goldstern, Leverkusen

'Climbing Sports'-Kletterrosen sind in Baumschulen erhältlich; das Angebot ist regional verschieden.

Klassisch ist die Kombination von Rosen und Lavendel, die sich in Duft und Farbe ideal ergänzen. Dem Lavendel sagt man nach, daß er die Rosen vor Krankheiten schützt.

Auch im Winter eine interessante Gliederung im Garten: Rosenbogen aus Holz.

Blütenpracht und zarter Duft sind die Gründe, eine Rosenpergola zu errichten. Deshalb ist es wichtig, die richtigen Sorten zu pflanzen.

Öfterblühende Kletterrosensorten

'Gruß an Heidelberg', eine öfterblühende, duftende, rote Kletter-rose.

V–VII
VI–VII

'New Dawn', eine öfterblühende, duftende Kletterrose, die beim Aufblühen rosa, später weiß ist.
V–VII
VI–VII

'Lawinia', eine öfter-blühende, duftende, pinkfarbene Kletterrose.

V–VII
VI–VII

'Goldener Olymp', ei-ne öfterblühende, duf-tende, ziemlich frostfe-ste, gelbe Kletterrose.

V–VII
VI–VII

'Blaze Superior', eine öfterblühende, dunkel pinkfarbene Kletter-rose, die nicht duftet.

V–VII
VI–VII

'Schwanensee', eine öfterblühende, creme-farbene, duftende Kletterrose.

V–VII
VI–VII

gebunden werden. Dadurch können Sie die Wuchsrichtung und –höhe der Triebe selbst bestimmen. Die beste Pflanzzeit für Rosen ist der Herbst. Der Boden sollte tiefgründig, nahrhaft und schwach sauer (pH-Wert von 6 bis 7) sowie stets etwas feucht, aber nicht staunaß sein. Die Pflanzen brauchen 2 m Abstand zueinander. Im Frühjahr wird das erfrorene oder überalterte Holz ausgeschnitten, ansonsten sollten Sie möglichst we-

nig in das Wachstum der Kletterrosen eingreifen. Biegen Sie lange Triebe vorsichtig zurecht und binden Sie sie an der Rankhilfe an. Ein freier, luftiger Standort verringert das Risiko von Pilzbefall und Krankheiten. Gedüngt werden sollte im März und Juni, vor der ersten Blüte. Verwenden Sie am besten einen organischen Dünger. Im Fachhandel gibt es speziell auf die Bedürfnisse von Rosen abgestimmte Produkte. ■

Spaliere zum Naschen

Pralle, süß duftende Früchte am Baum kennt jeder. Daß man auch an Spalieren und Pergolen Obst und sogar einige Gemüsesorten ziehen kann und diese »vertikalen Obstgärten« auch Gestaltungsmittel sind, ist fast in Vergessenheit geraten. Dabei gibt es für ein lauschiges Tête-a-tête kaum einen romantischeren Ort als eine Weinlaube. Kann man sich dort doch die süßen Früchte praktisch in den Mund wachsen lassen! Doch nicht nur Wein wächst als schattenspendender Sichtschutz an Spalieren oder Pergolen und überwuchert Laubengänge. Wie wär's zur Abwechslung mal mit Kiwis oder Beeren? In Frage kommen neben (stachellosen) Brombeeren auch Boysen-, Logan-, Laxton- oder Youngbeeren, die auf eine Kreuzung aus Himbeeren und Brombeeren zurückgehen. Sogar klimmende, mehrmals in einem Jahr tragende Erdbeeren gibt es inzwischen. Die Sorte 'Hummi'

Mit Liebe zum Detail gestaltet: Stützpfosten einer Holzkonstruktion, an der Wein gezogen wird.

bildet bis zu 1,5 m lange Triebe, die an Spalieren aufgebunden werden können. Auch traditionelle

Natur Buch

Tip

Kombinieren Sie rankende, fruchttragende Gewächse mit einer den ganzen Sommer über blühenden Kletterpflanze, z.B. der Schwarzäugigen Susanne, sowie einer Unterpflanzung aus dekorativen Sommerblühern. Dafür eignen sich fast alle sonnenliebenden Balkonpflanzen, ausgenommen die hängenden Sorten.

Obstbäume, etwa Apfel- und Birnbäume sowie die robusten Aprikosen lassen sich durch kundigen

Achten sie bei den zweihäusigen Kiwipflanzen stets darauf, eine männliche und eine weibliche zusammen zu setzen, sonst warten Sie vergeblich auf Früchte! IX–X

Mit viel Vitamin A, Mineralstoffen und Fruchtsäuren gehört die Brombeere zu den gesunden Leckereien aus dem Garten. VII–VIII

Fast biblisch alt ist die Kultur von Trauben. Die Herbstfärbung des Laubes kontrastiert herrlich mit der Farbe der reifen Früchte. VIII–IX

Konsequent erzogen wurde dieser Weinstock, dessen Ranken links und rechts des Hauptstamms eine 15 Meter lange Pergola bilden.

Schnitt in Spalierform ziehen. Neben süßen Obstfrüchten eignen sich auch einige Gemüsesorten dazu, sie an Spalieren oder Pergolen entlangranken zu lassen. Von Stangenbohnen weiß jedes Kind, daß sie ab Juni schnell und hoch wachsen. Kürbisgewächse, und dazu zählen auch die Gurken, ranken sich schnell an Kletterhilfen empor. Tomaten erreichen zwar nicht ganz so luftige Höhen, können aber als Unterpflanzung gut mit anderen Kletterkünstlern kombiniert werden. Was bei Wein und Kiwis, die mehrjährig sind, wichtig ist, nämlich der Schnitt vor dem Austrieb im Frühjahr und der »Sommerschnitt« während der Vegetationsperiode, das entfällt bei den einjährigen Klettermaxen. Nur die Brombeeren wollen, damit sie nicht überhand nehmen oder vergreisen, gelegentlich einen Rückschnitt. Allen gemeinsam ist allerdings, daß sie eine tragfähige, feste Unterstützung in Form eines Holz- oder Metallspaliers brauchen, das die zu erwartende Fruchtschwemme, die bei Kiwis und Kürbisgewächsen schon einiges wiegen kann, ausreichend unterstützt. ■

Kürbisse und Gurken bilden in kurzer Zeit üppige, schattenspendende Blätter aus. Männliche und weibliche Blüten sitzen auf einer Pflanze. ◩ ▦ ■ ▨ VIII–IX

Rote Johannisbeeren lassen sich auch in Form eines Hochstämmchens als »untere Etage« eines Spaliers ziehen. Das sieht dekorativ aus und erleichtert das Pflücken der Früchte. ◩ ▣ ▨ VII

Schnellwüchsig und rankend eignet sich die Kapuzinerkresse als Blütenschmuck zur Kombination mit anderen Rankgewächsen. ◩ ▦ ▢ ▨ ■ ❀ V–VIII

Eine grüne Oase in der Stadt, und sei sie auch noch so klein: ein Sonnenbalkon ist der kleine Ersatz für einen eigenen Garten.

Gartenträume für Balkonbesitzer

Gönnen Sie sich nach einem anstrengenden Arbeitstag einen Kurzurlaub zuhause – Ihr sonniger Balkon lädt Sie dazu ein! Sonnenbalkone können ein Stück Landidylle in der Stadt sein und bieten selbst für kurze Momente Entspannung und Anregung zugleich. Sie sind eine Oase im Grau der Städte und Blickfang sowohl von der Wohnung als auch von der Straße aus. Allein zum Wäschetrocknen und Abstellen von leeren Getränkekisten ist ein Sonnenbalkon zu schade. Mit Pflanzkübeln, Balkonkästen, Rankgittern, den richtigen Pflanzen dazu sowie

siehe auch Seiten 66/67

bequemen Freizeitmöbeln kann auch ein Urlaub zuhause ein Erlebnis werden. Auf den folgenden Seiten zeigen wir Ihnen, wie man sich sein privates Reich in »Balkonien« schafft. ■

Das Balkonjahr

Verführerisches Funkeln: Rosen-kugeln machen sich auch gut in Balkonkästen und Kübeln.

Planen Sie rechtzeitig, am besten noch vor Beginn der Saison, die Bepflanzung Ihres Balkons. Für sonnige Plätze eignen sich nicht alle im Handel angebotenen Pflanzen. Wenn Sie keine dauerhafte Bepflanzung für Ihren Balkon vorgesehen haben, werden voll, Pflanzen zu wählen, die auch solche »Trockenzeiten« nicht übel nehmen. Profitieren die Pflanzen vom Regen oder stehen sie unter einem Vordach und bleiben trocken? Generell gilt: je kleiner das Pflanzgefäß, desto öfter muß man gießen, je größer der Kübel, desto länger können die Pflanzen sich selbst versorgen. Gießen sollten Sie vorzugsweise in den Abendstunden oder früh am Morgen, damit die Sonne die Pflanzen nicht verbrennt. Jeder einzelne Wassertropfen, der auf den Blättern zurückbleibt, wirkt in der

Sonne wie ein Brennglas. Naturgemäß sind Gewächse aus südlichen Ländern weniger durstig. Manche Kübelpflanzen sind, was regelmäßige Pflege angeht, sogar recht anspruchslos.

siehe auch Seite 88/89

Dauerhaft blühen Balkonpflanzen jedoch nur, wenn sie nicht nur genügend Wasser, sondern auch ausreichend Nährstoffe bekommen. Durch die Isolation in einem kleinen Pflanzgefäß fehlt ihnen die Möglichkeit, Nährstoffe aus dem Erdreich in dem Maß aufzunehmen, wie es in der freien Natur möglich wäre. Durch regelmäßige Düngung mit einem organischen Flüssigdünger (Guano)

Ein ideales Ensemble für Sonnen-plätze: Aufrechtstehende Pelar-gonien und hängender Weihrauch.

Sie jedes Frühjahr neue Saison-pflanzen anschaffen müssen. Wollen Sie nicht viel Zeit für's Gießen aufwenden oder sind Sie öfter mal nicht zuhause? Dann ist es sinn-

Ob klein oder groß – mit Liebe gestaltet wird ein Sonnenbalkon zum Erlebnis.

Natur Buch Tip

Schwere Kübel und Töpfe lassen sich leichter transportieren, wenn man einen Untersatz mit Rollen (verschiedene Modelle sind inzwischen im Fachhandel und in Gartenzentren erhältlich) oder eine Sackkarre bzw. eine Einkaufskarre benutzt.

wird dieser Mangel ausgeglichen. Halten Sie sich an die Gebrauchsanleitung des Herstellers und überdüngen Sie die Pflanzen nicht nach dem Motto: »Viel hilft viel«. Dann kann genau das Gegenteil eintreten: Ihre Pflanzen kümmern vor sich hin, bekommen fleckige Blätter oder gehen sogar ganz ein,

weil das Gleichgewicht der Nährstoffe gestört und die Erde »umgekippt« ist. Dann hift oft nur das Austauschen der Erde und in Zukunft etwas mehr Zurückhaltung beim Düngen. Ist auch der Wurzelbereich der Pflanze starkt angegriffen, kommt manchmal jede Hilfe zu spät. ■

Der Balkon im Winter

Ein Balkonkasten muß im Winter nicht verwaist dastehen: Mit immergrünen Zwergkoniferen, Erika und schillernden Rosenkugeln sowie anderen farbigen Schmuckobjekten wurde hier ein lebendiges Ensemble für die kalte Jahreszeit zusammengestellt.

Winterschutz für Kübelpflanzen

Viele Kübelpflanzen müssen im Winter ins Haus geholt werden. Bei robusten Gewächsen (viele

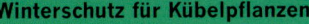

Topf umwickelt mit Bläschenfolie.

Reisigabdeckung.

Übergestülpter Blumentopf.

Gartenkräuter können draußen überwintern) genügt eine Reisigabdeckung. Kübelpflanzen überwintern in kühlen, dunklen Innenräumen. Eine Faustregel lautet: Das Winterquartier sollte je kühler, desto dunkler und je wärmer, desto heller sein. In den Übergangsperioden im Frühjahr und im Herbst, wenn die Tage schon warm sind, aber nachts noch gelegentlich Frost droht, kann man die bereits ins Freie gestellten Kübelpflanzen entweder durch Einwickeln in Bläschenfolie schützen oder man stülpt über niedrige Gewächse einen umgedrehten Blumentopf, den man vielleicht noch mit Lumpen oder alten Zeitungen füllt. Dieser Schutz sollte nie längere Zeit um die Pflanze sein, um Fäulnis zu vermeiden.

Bei einer solchen Anlage müssen sich alle Bewohner über die Gestaltung einig sein, damit es keine Konflikte gibt.

Einjährige oder Dauerbepflanzung

Wählen Sie für die Balkonbepflanzung entweder einjährige Saisonpflanzen oder entscheiden Sie sich für eine dauerhafte Bepflanzung, die einmal etwas teurer ist, Ihnen dafür aber die alljährlich wiederkehrenden Kosten weitgehend erspart. Für kleine Balkone sind sicher die Einjährigen die beste Lösung. Gut eignen sich z. B. alle Pelargonien- und Salbeisorten, Petunien (hängend und aufrecht), Fächerblume, Nierembergie, Lobelien und Goldmarie (Bidens). Große Balkone gestaltet man interessanter, wenn man sich für eine Kombination aus mehrjährigen Blütenstauden, Kletterpflanzen (z. B. Glockenrebe, Schwarzäugige Susanne, Prunkwinde etc.), kleinen Gehölzen und Blumenzwiebeln entscheiden kann. Eine weitere Steigerung der Blütenpracht erreichen Sie im Sommer durch Ergänzung mit einjäh-

rigen Saisonpflanzen. Kübelpflanzen und eingetopfte Stauden geben dem Ensemble eine individuelle Note und lassen öfter mal eine Veränderung einfach durch Umstellen der Töpfe zu.

▌ siehe auch Seiten 60/61

Wenn Sie in einer Mietwohnung oder in einem Mehrfamilienhaus wohnen, sollten Sie sich in der Hausordnung informieren, welche Maßnahmen Sie zur Verschönerung Ihres Balkons ergreifen dürfen. Gießwasser muß ablaufen können, ohne Schäden zu verursachen. Manche kleinen Gehölze werden

»Mut zur Farbe«, heißt das Motto auf dem Sonnenbalkon. Mit bepflanzten Schalen lassen sich Akzente setzten.

schnell groß, wobei sich Wurzeln durch Pflanzgefäße hindurch in den Balkonboden oder in Mauerspalten bohren können. Kletter-

Wenn Bäume in Balkonkästen wachsen, sollte man ein Auge auf das Wurzelwachsum haben, um Bauschäden zu verhindern.

und Rankgewächse sind nicht bei allen Nachbarn willkommen.

▌ siehe auch Seiten 66/67

Ideal ist es natürlich, wenn alle Bewohner eines Hauses an einem Strang ziehen und eine einheitliche und großzügige Gestaltung das optische Erscheinungsbild eines Hauses prägt. ■

Sonnenanbeter für Balkone und Dachterrassen

Gazanien/Mittagsgold

Echte Sonnenanbeter sind die Gazanien. Die sternförmigen Blüten öffnen sich nur an sonnigen, trockenen Tagen. Da sie zierlich bleiben, sollten sie nicht mit starkwüchsigen Pflanzen kombiniert werden.

Fächerblume

Die Fächerblume ist eine Hängepflanze, die wuchsfreudig und reich an Blüten ist, ihre Nachbarn aber nicht bedrängt. Gut geeignet für Ensembles z. B. mit Bidens oder Schneeflocke. Wichtig: kalkfreies Gießwasser, am besten Regenwasser!

Vanilleblume

Am besten kommt der Duft der Vanilleblume in der Balkonbepflanzung zur Geltung. Da sie sehr kälteempfindlich ist, lohnt sich eine Selbstanzucht kaum, denn sie kommt sonst sehr spät zur Blüte. Man kann sie aber wie eine Kübelpflanze im Haus überwintern.

Pelargonien (Geranien)

Millionenfach geliebt und in nahezu allen Wuchsformen erhältlich: Pelargonien, im allgemeinen auch als Geranien bezeichnet. Sie vertragen nicht nur Sonne, Hitze und Trockenheit hervorragend, sondern nehmen auch eine kalte (aber frostfreie) Nacht nicht so schnell übel.

Petunie

Petunien brauchen viel Sonne, damit sie üppig blühen. Es gibt fast alle Farben, auch gestreifte Sorten. Die gefüllten Petunien reagieren besonders empfindlich auf Regen. Hängende Sorten haben kleinere Blüten, verwöhnen aber das Auge mit einem wahren Farbrausch.

Hier stellen wir Ihnen einige Saisonpflanzen vor, die besonders gut für Sonnenbalkone geeignet sind. Sie können, wenn kein Frost mehr droht (die Bauernregel besagt, daß ab den »Eisheiligen« –

Mitte Mai – die Gefahr von Nachtfrösten gebannt ist), im Freien ausgepflanzt werden. Bei den ersten Herbstfrösten können Sie sie mit Abdeckungen schützen oder im Haus überwintern.

Geht beides nicht, müssen Sie sich von ihnen verabschieden

▌siehe auch Seiten 74/75

und im nächsten Jahr neue Saisonpflanzen kaufen. ■

Nelken

Nelken, die meistens angenehm duften, gibt es aufrecht oder hängend, oft in Rot- und Rosatönen, aber auch in Weiß. Zierliche Blüten kontrastieren zum blaugrauen Laub. Durch Ausknipsen der Triebspitzen können Sie für dichteren Wuchs sorgen.

Kapkörbchen

Die zwei Arten des Kapkörbchens, Osteospermum eclomis und Dimorphotheca, sind kaum auseinanderzuhalten. Beide sind sehr wärme- und sonnenhungrig. Die bläulichen, rötlichen und weißen, margeritenähnlichen Blüten öffnen sich nur in der Sonne. Abgeblühtes sollte entfernt werden.

Zweizahn oder Goldmarie

Üppiger Wuchs und goldgelbe Blütensterne zeichnen den Zweizahn, auch Goldmarie genannt, aus. Bekannter als die deutschen Namen sind sie vielleicht unter ihrem botanischen Namen Bidens. Gelegentliches Ausputzen und ein Rückschnitt im Juli sorgen dafür, daß die reiche Blüte bis zum Herbst anhält. Idealer Partner: Surfinia-Petunien.

Salbeiarten

Alle Salbeiarten vertragen Sonne und auch hin und wieder mal eine »Trockenperiode«. Neben den blauen Sorten gibt es auch rotblühende, wie z. B. den Scharlachroten Salbei. Manche Sorten beeindrucken durch panaschierte Blätter. Einige, z. B. der Echte Salbei, sind winterhart und mehrjährig.

Ein italienisches Gefühl

Südliches Flair läßt sich auf einem Sonnenbalkon egal welcher Größe auch in unseren Breiten ohne große Mühen und Kosten zaubern. Die richtige Pflanzenauswahl und entsprechende Accessoires verwandeln

Teilweise gefüllte Blüten, hängende Sorten, herrlich leuchtende Farben: Die Knollenbegonien sind sehr dankbare Blüher für sonnige und halbschattige Plätze.

einen einfachen Süd- oder Südwestbalkon im Handumdrehen in ein Sonnenparadies. Der Balkon sollte allerdings einigermaßen windgeschützt sein, denn die meisten mediterranen Sonnenpflanzen vertragen keine kalten Winde. Falls Sie einen leichten Wind-

schutz brauchen, können Sie mit Spalieren oder Holz-Lamellenwänden die Luftströme umleiten und dadurch »Windstille« schaffen.

| siehe auch Seiten 64/65

Um Mittags die stärkste Sonneneinstrahlung etwas zu mildern, können Sonnenschirme und Markisen sehr praktisch sein. Setzen Sie sie zugleich als Gestaltungselement ein, und wählen Sie nicht »irgendein« Modell. Schlichte, helle Baumwoll- oder Leinenstoffe

oder breite, farbige Streifen, rotweiß, grün-weiß oder gelb-weiß, sind typisch für den Süden. Richten Sie sich bei der Wahl der Farben nach Ihren Balkonmöbeln, damit kein kunterbuntes Allerlei entsteht. Leicht und sonnig wirken bequeme Lattenstühle in Natur oder farbig gestrichen, Bistrotische mit Marmorplatten oder antike Eisentische.

Terrakottavasen und -töpfe sind ein »Muß«, denn der warme Farbton der gebrannten Erde harmo-

Schon die Blüten verraten, daß der Chinesische Roseneibisch (Hibiskus) viel Sonne liebt. Werden die Triebe im Frühjahr zurückgeschnitten, bleibt die Pflanze schön buschig.

Ein Kletterwunder, wo sie sich wohlfühlt: die Bougainvillea. Ihre violetten, gelben oder weißen »Blüten« sind eigentlich gefärbte Hochblätter.

Der Federbusch mit seinen plüschigen Blütenkerzen bringt leuchtende Farbe und samtige Struktur in den Balkonkasten. 25–35 cm

Pflanzvorschlag für einen Balkon von ca 12 m²: ❶ *Margerite* ❷ *Hibiskus*
❸ *Wandelröschen* ❹ *Geißblatt* ❺ *Blaues Gänseblümchen* ❻ *Schneeflocke*
❼ *Knollenbegonie* ❽ *Bougainvillea* ❾ *Vanilleblume* ❿ *Husarenknöpfchen*
⓫ *Pelargonien (Cascade-Sorten)* ⓬ *Kräuter: z.B. Lavendel, Majoran,*
Thymian, Bohnenkraut, Salbei, Basilikum, Zitronenmelisse...

Natur Buch
Tip

Gewöhnen Sie Ihre Zimmerpflanzen langsam an die neue, wesentlich hellere Umgebung auf dem Balkon, damit sie nicht gleich am ersten Tag von der Sonne verbrannt werden. Stellen Sie sie zuerst nur an bewölkten Tagen hinaus. Nach wenigen Tagen dürfen die Pflanzen schon einige Stunden Sonne am Morgen und Abend bekommen, sie entwickeln dann einen eigenen Schutz.

niert hervorragend mit dem Grün der Pflanzen.

❘ siehe auch Seiten 56/57

Die Auswahl der Pflanzen sollte sich an der Lage und Größe Ihres Balkons orientieren sowie an dem Maß der Pflege, die Sie dafür aufwenden wollen. Kübelpflanzen und Exoten müssen auch im Winter irgendwo untergebracht werden. Nutzen Sie das Angebot sogenannter Pflanzen-Hotels oder fragen Sie ihren Gärtner, ob er ihre Kübelpflanzen im Glashaus überwintern kann. ◼

Kastenränder werden durch das überhängende Husarenknöpfchen dekorativ verdeckt.
🌱 ▥ 🪣 20–25 cm
❀ V–VIII ◼ 🖌

Sowohl als einjährige Balkonpflanze wie auch als Kübelpflanze gezogen ist das Wandelröschen, ein Eisenkrautgewächs, äußerst dekorativ.
🌱 ▥ 🪣 ❀ V–VIII ✂

Das Eisenkraut ist in vielen Farben und Wuchsformen weit verbreitet. Besonders blühfreudig und robust: Die »Tapien«-Züchtungen, die ganz neu auf dem Markt sind.
🌱 ▥ ◼ ❀ V–VIII

Kleiner Balkon ganz groß – Blütenwunder auf engstem Raum

Prachtvolle Blütenfülle ist keine Frage der Balkongröße, sondern der richtigen Zusammenstellung und Pflege. Wenn Ihr Sonnenbalkon etwas windgeschützt liegt, gedeihen die Pflanzen noch besser. Aus der Überfülle der auf dem Markt angebotenen Balkonpflanzen dürfte es nicht schwer fallen, etwas Passendes zu finden. Denken Sie aber daran, daß Ihr Balkon das ganze Sommerhalbjahr blühen soll.

In der Sonne entwickelt sich das Neuguinea-Impatiens zu einer wahren Blütensensation.

Man nennt sie auch Männertreu: Lobelien bilden hängende Polster und blühen fleißig bis zum ersten Frost.

Der Duftsteinrich macht seinem Namen alle Ehre. Der süße, honigartige Duft macht sie so beliebt.

Wenn Sie die im Mai/Juni verwelkten Frühjahrsblüher durch Sommerblüher ersetzen, vermeiden Sie Lücken im Erscheinungsbild. So werden etwa Stiefmütterchen, Primeln und Zwiebelblüten gegen Gazanien, Kapkörbchen oder Kapuzinerkresse ersetzt. Sie können aber auch gleich bei der Planung berücksichtigen, daß die abgeblühten Frühjahrspflanzen mit ihren grünen Blättern einen Hintergrund für die später blühenden Sommergewächse bilden. Das verlangt dann schon einiges mehr an Kenntnis und Geschick, zahlt sich aber dadurch aus, daß man weniger Pflege und Geld aufwenden muß, da die Bepflanzung nur einmal im Jahr vorgenommen werden muß. Versuchen Sie es doch einmal mit folgender Kombination: Zwiebelblüten (Krokus, Hyazinthen, Narzissen und Tulpen), kombiniert mit Tränendem Herz,

Stiefmütterchen oder Primeln für den Frühling. Sobald es wärmer wird, können Sie die Bepflanzung ergänzen durch Sommerblüher wie Goldmarie (Bidens), Neuguinea-Impatiens, Lobelien, Weihrauch etc. Gleichzeitig säen Sie schon Kapuzinerkresse, Studentenblumen und Duftsteinrich mit aus, die später die Lücken füllen, die dadurch entstehen, daß

Schmuckobjekte wie diese Blume aus bemaltem Blech beleben saisonal bedingte Lücken im Blumenkasten.

Eine Welt für sich: Mit viel Liebe gestalteter kleiner Balkon.

die Zwiebelgewächse ihre Blätter einziehen. Mehrjährige, winterharte Pflanzen wie der echte Salbei, Lavendel, Frauenmantel und die kriechenden Glockenblumenarten garantieren eine ganzjährige Struktur im Balkonkasten.

Düngen und gießen Sie regelmäßig, aber vermeiden Sie Staunässe und Überdüngung, denn das

Motto »Viel hilft viel« gilt nicht für Balkonpflanzen.

▌siehe auch Seiten 80/81

Die Erde wird durch zuviel Wasser und Dünger nur sauer und die Wurzeln faulen. Blattflecken und magere Blüten sind die Folge. Wenn Sie Langzeitdünger wie Plantacote oder Osmocote gleich beim Einpflanzen unter die Erde mischen, sichern Sie den Pflanzen

eine Grundversorgung für 2–3 Monate. Wenn die Pflanzen gut eingewurzelt sind und kräftig zu blühen beginnen, sollten sie bis in den September hinein einmal pro Woche, bei Surfinia-Petunien sogar zweimal pro Woche mit Flüssigdünger versorgt werden. ▪

Im Frühsommer eine spektakuläre Erscheinung: Das Tränende Herz.
🌺 🧺 📷
📏 60 cm 🌿

Die ballonartigen Blüten gaben ihr den Namen: Die Pantoffelblume läßt sich durch Stecklinge vermehren.
🌺 📷
📏 35 cm ◾

Dekorativ und nützlich: Der Geruch der Studentenblume vertreibt Fadenwürmer im Boden.
🌺 📷
📏 15–50 cm
🧺 🅰 ◾

Nur 25–30 cm hoch wird die Zwergmargerite. Werden die verblühten Köpfchen stets entfernt, blüht sie den ganzen Sommer über.
🌺 🧺 ◾

Pflanzbeispiel für einen zweireihigen Balkonkasten: ① Männertreu (Blau)
② Neuguinea-Impatiens (Pink) ③ Margerite (Weiß) ④ Pantoffelblume (Gelb)

Eine lebendig gestaltete Dachterrasse bietet vielseitige Nutzungsmöglichkeiten.

Dem Himmel etwas näher: Dachterrassen

Sonnige Dachterrassen sind, ähnlich wie Balkone, im Sommer eine Erweiterung der Wohnfläche um ein »Zimmer im Grünen«. Während Balkone aber mindestens an einer Seite durch eine Hauswand vor Wind und Wetter geschützt sind, liegt eine Dachterrasse in der Regel exponiert und bietet den Pflanzen weniger Schutz vor Sonne und Wind. Abhilfe können Wände aus Holzlamellen oder begrünte Spaliere bieten, die obendrein vor neugierigen Blicken schützen.

siehe auch Seiten 66/67

Gestalten Sie die Dachterrasse entweder mit Kübeln, Töpfen und Pflanztrögen oder mit einer flächigen Dachbegrünung. Im letzteren Fall sollten Sie folgendes beachten: Besitzt die Dachterrasse eine Neigung, so daß Wasser abfließen kann? Wie belastbar ist die Dach-fläche? Ist der Dachrand befestigt? Gibt es Gießwasser auf der Dachterrasse oder muß es herbeigeschafft werden? Welche Isolierungsschicht ist nötig, um das Dach zu schützen? Wie dick muß die Humusauflage sein? Da die flächige Dachbegrünung ein folgenschweres Unternehmen ist, sollten Sie als Laie auf jeden Fall mit einem Architekten und einer Fachfirma zusammenarbeiten, die dann auch für nachfolgende Fehler und Schäden haftbar sind. Adressen für Firmen, die Begrü-

Reizvolle Arrangements lassen sich auf Balkon und Dachterrasse mit eingetopften kleinen Stauden schaffen.

nungssysteme anbieten sowie weiterführende Literatur finden Sie im Anhang dieses Buches.

Mit etwas grobkörnigem Substrat können genügsame Pflanzen wie Salzkrustensteinbrech oder Mauerpfeffer auch auf nicht zu stark geneigten Ziegeldächern eine Art Miniatur-Steingarten schaffen. Dachwurz-Arten leben sogar ohne Substrat, scheinbar nur von Luft und Liebe.

Für die Gestaltung der Dachterrasse mit Pflanzgefäßen gilt das gleiche wie für Balkone.

siehe auch Seiten 80/81

Sie können ein Thema als Leitidee wählen oder sich nach jeder Saison neu »einrichten«, vielleicht haben Sie ja auch Freude an einer Vier-Jahreszeiten-Dachterrasse? ■

Dauergäste aus dem Süden: Kübelpflanzen

Oleander

Kann viele Jahre alt und bis zu 2,5 m hoch werden: Der Oleander. Die Blätter und Blüten enthalten ein Kontaktgift, sollten deshalb nicht oft berührt werden. Nach der Blüte zurückgeschnitten, behält er seinen dichten, buschigen Wuchs lange. Frostfrei überwintern!

Bougainvillea

Bougainvilleas gibt es in den bekannten Rosétönen, aber auch in gelb und weiß. Sie brauchen viel Sonne, um eine wahre Blütenpracht zu entwickeln, die dann an tropische Üppigkeit heranreicht.

Gewürzrinde

Nicht alltäglich ist die Gewürzrinde, ein gelbblühender Strauch, der auch trockene Zeiten gut übersteht.

Lorbeer-Hochstämmchen

Der griechische Lorbeer ist ein typischer, aromatisch duftender, Sonne und Trockenheit liebender Mittelmeerstrauch, der sich als Busch oder Hochstämmchen ziehen läßt und auch in unseren Breiten erstaunlich frosthart ist. Er läßt sich außerdem gut durch Stecklinge vermehren.

Früher waren sie nur in den Orangerien von Fürstenhöfen zu bewundern, später wurden sie in Botanischen Gärten bestaunt, heute kann sie sich jedermann leisten und damit einen Hauch von Exotik in seinen Garten, auf seine Terrasse oder den Balkon bringen. Kübelpflanzen gibt es für jeden Geschmack, und alle haben sie eines gemeinsam: Sie lieben die Sonne. ■

Bleiwurz

Als Hochstämmchen gezogen schmückt sich die Bleiwurz im Sommer mit blauen Blütenpompons, die sich gut in der Nachbarschaft von rosafarbenen Bougainvilleas machen oder, als Unterpflanzung des Hochstämmchens, mit rosafarbenen Pelargonien.

Solanum (Nachtschatten)

Als Hochstämmchen gezogen, kommt er wieder in Mode: Solanum gibt es mit blauvioletten und weißen Blüten.

Zylinderputzer

Aus Australien stammt der Zylinderputzer, der an zierlichen Zweigen auffällige rote Blüten hervorbringt. Er verträgt starke Trockenheit, aber keinen Frost. Zerreibt man die Blätter zwischen den Fingern, riechen sie nach Zitrone.

Margeriten-Hochstämmchen

Meist nur für einen Sommer hält das Margeriten-Hochstämmchen. Da es aber jedes Frühjahr relativ preiswert im Handel angeboten wird, ist es dennoch eine Überlegung wert, mit dieser Pflanze einen frischen Akzent auf der Dachterrasse oder dem Balkon zu setzen. Wichtig: Schneiden Sie Verblühtes aus, damit neue Knospen nachtreiben!

Myrte

Die echte oder griechische Myrte ist ein immergrüner, mediterraner Strauch, der kleine, weiße, duftende Blüten hervorbringt. Aus Myrtenzweigen flocht man früher den Brautkranz. Die Myrte wächst langsam, verträgt Trockenheit, aber keinen Frost. Vermehrung durch Stecklinge. Hell und kühl überwintern!

Eine Dachterrasse im Cottage-Stil

Ländliches Flair ist »in« – nicht nur bei der Innenraumgestaltung geht der Trend immer mehr zum Unkomplizierten, Ursprünglichen, auch die Gartengestalter berufen sich zunehmend auf den schlichten, rustikalen, aber dennoch charmanten Stil, den man in englischen wie auch in provencalischen und toskanischen Landhäusern gepflegt hat. Cottagegärten sind meistens nicht groß, dadurch läßt sich das Kon-

Es müssen nicht immer teure Edelholzmöbel sein: Dieser Biergartenstuhl stammt vom Trödel und schmückt, leuchtend blau lackiert, nun eine Dachterrasse.

Die Kombination von mehreren verschiedenen Pflanzen, hier Vanillblume und Schneeflocke in einem Topf, wirkt lebendiger als eine »sortenreine« Bepflanzung.

Pflanzen mit Charme

Tausendschön kommt in separaten Töpfen oder Schalen dicht gepflanzt am besten zur Geltung.
🌱 🌿 ▯ 3–20 cm
✿ IV–V

Sonnig und warm mag es die Trompetenwinde. Ihre langen Triebe begrünen Geländer und Spaliere.
🌿 ▯ 5–10 m ✿ VII–IX

Duftwicken sind zerbrechliche Schönheiten, die sich am Geländer und Zaun emporranken.
🌱 🌿 ▯ 25–150 cm
✿ VI–IX

zept gut auf den begrenzten Raum, der auf einer Dachterrasse zur Verfügung steht, übertragen. Natürliche Materialien und unkomplizierte, harmonische Pflanzenarrangements stehen im Vordergrund dieser Gestaltung. Da eine Dachterrasse architektonisch nicht mit einem Landhaus konkurrieren kann, kommt es auf schmückende Details und Accessoires an. Eine gemütliche Holz-

bank, ein alter Vogelbauer, Steinvasen und romantische Gartenmöbel, kombiniert mit gemusterten Stoffen (Paisley-, Streifenoder kleine Blütenmuster) bestimmen die Atmosphäre. Ziehen Sie die Pflanzen in Terrakottatöpfen, die Patina angesetzt haben.

▌siehe auch Seiten 60/61

Kräuter gehören ebenso wie Blütenpflanzen zum Konzept. Gut

Holzlattenroste als Bodenbelag, leichte Holzmöbel mit Stoffbespannung und kleinbleibende Ziergehölze in Terrakottakübeln – eine gut gestaltete Dachterrasse lädt zum Entspannen ein.

Tip **Natur Buch**

Während des Urlaubs brauchen Ihre Pflanzen auch Wasser. Ist kein freundlicher Nachbar dafür zu verpflichten, können technische Hilfsmittel die Arbeit erledigen. Solche Systeme, die meist auf Tröpfchenbewässerung beruhen, werden von verschiedenen Herstellern, z. B. Gardena, Perrot und Ortmann angeboten. Erkundigen Sie sich im Fachhandel danach!

»Surfinia«-Petunien, neu aus Japan, die üppiger und robuster sind als die bekannten Sorten.
bis zu 80 cm
V–IX

Das Blaue Gänseblümchen, ein Dauerblüher aus Australien, geeignet für Ampelbepflanzungen.
3–20 cm
IV–VI

Blüht in sonnigen Lagen bis zum ersten Frost ausdauernd und üppig: Der Goldtaler.
ca. 25–30 cm
V–IX

Die Bechermalve mag keine nassen Böden, eignet sich daher gut für größere Pflanzkübel.
ca. 50 cm
V–VII

geeignet sind alle Kräuter, Blütenpflanzen wie Eisenkraut (Verbenen), verschiedene Korbblütler, Ziersalbeiarten und Nelken sowie niedrige Halbsträucher und Sträucher, z. B. Fünffingerstrauch oder, in etwas schattigerer Lage, Buchsbaum. Ist es sehr zugig, müssen Sie sich auf robuste Rankgewächse wie z. B. Jungfernrebe oder Efeu beschränken, ansonsten schirmen zarte Duftwicken, Kapuzinerkresse oder die Trompetenwinde am Geländer das ländliche Paradies von der Außenwelt ab. Apropos Geländer: Ein farbig gestrichener Lattenzaun, entweder dem Geländer vorgeblendet oder als Abgrenzung zum Nachbarn, faßt die Anlage stilecht zusammen. Kurzfristige Dekorationen lassen sich apart mit gemusterten Stoffen arrangieren, die am Geländer angeknotet werden. ■

Ein stilles Reich der Sinne – der Dachgarten im fernöstlichen Stil

Eine Dachterrasse im fernöstlichen Stil- das bedeutet vor allem Abgeschiedenheit und Ruhe vor dem Stress des Alltags. Das leise Rascheln von immergrünem Bambus im Wind, die bewußte Gestaltung und die

Streng formale Gestaltungselemente zeigen die konzentrierte Klarheit fernöstlichen Denkens.

Pflanzen, die fernöstliches Ambiente schaffen

Der rote Fächerahorn ist ein ideales Gehölz für den fernöstlichen Dachgarten.
bis 2,5 m

Bis zu drei Meter hoch wird der immergrüne, winterharte Himalaja-Bambus.

Zierquitten sind schwachwüchsige Sträucher mit zarten Blüten und dekorativen Früchten.
bis 1,5 m

Immergrünes, glänzendes Laub zeichnet den mittelhoch wachsenden Kirschlorbeer aus.
bis 3 m

kontemplative Atmosphäre der Anlage macht diese Dachterrasse zu etwas Besonderem. Mannshoher Bambus in Kübeln sorgt für den nötigen Sichtschutz. Falls das nicht ausreicht oder ein zusätzlicher Windschutz erforderlich ist, können Sie Strohmatten am Geländer der Terrasse oder an Bambusstangen befestigen oder Spaliere mit Klimmpflanzen beranken.

siehe auch Seiten 64/65

Überhaupt ist Bambus das Material der Wahl bei dieser Anlage.

Mit Bambus- oder Rattanmöbeln sowie verschieden hohen Ziergräsern variieren Sie dieses Thema geschickt. Kleine Nadelgehölze in den Pflanzkästen, z. B. Kriechwacholder, Zwergkiefern und Muschelzypressen und, als Laubgehölz, der Kirschlorbeer geben der Dachterrasse auch im Winter ein grünes Gesicht. Im Sommer setzt der kleinwüchsige, rote Fächerahorn farbige Akzente. Für Blüten sind Zwergazaleen, Schwertlilien, Ginster, Mohn oder Zierquitte in Kübeln zuständig. Gut geeignet sind auch Hibiskus,

Wasser und Kies sowie die Pflanzenauswahl lassen bei dieser Dachterrasse einen fernöstlichen Einfluß erkennen.

Tip Natur Buch

Wenn Sie über wenig Platz verfügen, können Sie mit ein-fachen Mitteln die Atmosphäre eines Zen-Gartens nach-empfinden: Ein großes Tablett mit geharktem Kies und flachen Steinen, an richtiger Stelle zwischen den Pflanzen oder auf einem niedrigen Tisch plaziert, ersetzt die große Anlage und lädt zur Meditation ein.

Canna, Schmucklilien, Fächerblumen oder, als kleine Gehölze, Schneeball und Goldregen.

▌siehe auch Seiten 28/29

Im Herbst haben die Chrysanthemen natürlich ihren großen Auftritt. Bei dieser Art, eine Dachterrasse zu gestalten, kommt es auf Details an: Wählen Sie glasierte, aber nicht zu stark verzierte Keramiktöpfe und -kübel. Ein Bambusregal mit ausgewählten Zierpflanzen und besonderer Keramik, eine schöne Skulptur oder ein ausgefallen geformter Stein, vielleicht auch ein Windspiel aus Bambusrohren, bringen Stil und Atmosphäre auf die Dachterrasse. Schilfmatten auf dem Boden oder eine geharkte Kiesfläche bieten dem Auge Ruhepunkte.

Überfrachten Sie ihre Dachterrasse nicht, in der Zurückhaltung liegt der besondere Pfiff. Komponieren Sie kleine Stilleben, ohne die gesamte Anlage aus dem Blick zu verlieren. ■

Erlebt eine Renaissance im Garten und ist, weil genügsam, auch für die sonnige Dachterrasse geeignet: Der Ginster.
🐦 ▣ ⬜ *bis 2 m* ✿ *V*

Schwertlilien, besonders die zierlichen Sorten (hier: Iris unguicularis) sind anpassungsfähig und wirken exotisch.
🐦 ▣ ⬜ *bis 1 m*
✿ *V–VI* ◼

Wirkt fremd und edel: Blauer Scheinmohn. Plazieren Sie ihn windgeschützt vor einem grünen Hintergrund!
🐦 ▣ ⬜ *bis 1 m*
✿ *VI* ◼

Adressen und Literatur

Parvulus- Bäumchen

Baumschule Kotter
Neuenhaus 92
42929 Wermelskirchen

Stauden

Staudengärtnerei
Gräfin von Zeppelin
79295 Sulzburg-Laufen (Baden)

Gärtner Pötschke
41561 Kaarst
Tel. 021 31/79 33 97
(Katalogbestellung)

Kräuter und Duftpflanzen

Gärtnerei Kräuterzauber
Daniel Rühlemann
Am Himpberg 32
27367 Stuckenborstel

Steingartenpflanzen

Fritz Häussermann
Schützenhausweg 43-47
70499 Stuttgart

F. Sündermann
Aeschacher Ufer 48
88131 Lindau/Bodensee

**Tropenpflanzen/
Palmen/Kübelpflanzen**

Tropen-Express Pflanzenimport
Gudrun Steininger
Dr.-Winklhofer-Str. 22
94036 Passau

Flor Mediterranea
Königsgütler 5
84072 Au/Hallertau

Peter und Monika Klock
Postfach 520604
22596 Hamburg

Winterharte Bambusse

Bambus-Centrum Deutschland
Baumschule Wolfgang Eberts
Saarstraße 3-5
76532 Baden-Baden

**Biologische Pflanzenschutzmittel,
Nützlinge, organische Dünger**

Firma Neudorff GmbH
Postfach 1209
3254 Emmerthal

Dachterrassen-Begrünungssysteme

Plastoplan/reNatur
Postfach 60
24601 Ruhwinkel

Optima-Zentrale Süd
Wilhelm Harzmann KG
72505 Krauchenwies-Göggingen

Xero Flor Begrünungen GmbH
Theodor-Heuß-Str. 26
34266 Niestetal

ZinCo Flachdach GmbH
Postfach, 72669 Unterensingen

Gartenmöbel

The Teak Tiger Trading Company
Postfach 87
55454 Gensingen

Garpa Garten und Park
Einrichtungen GmbH
Kiehnwiese 1
21039 Escheburg bei Hamburg

Hesperiden
In der Schmalau 4
90427 Nürnberg

Gartenpavillons

Hölscher und Leuschner
Siemensstraße 12-15
48488 Emsbüren

Sieben Eujen GmbH & Co KG
Hinter dem Rahmen 6
26721 Emden

Gartenornamente

Renate Weber
Liszthof 4
49076 Osnabrück

Country-Garden Christel Plasa
Auf den Beeten 12
72119 Ammerbuch-Reusten

Literatur

B. Grützmacher
Grasdach
Callwey, München

B. Krupka
Dachbegrünungen und Grasdächer
Müller, Köln

R. Stifter
Dachgärten – Grüne Inseln in der
Stadt
Ulmer, Stuttgart

Hans Steiner
Nützlinge im Garten
Ulmer, Stuttgart

Joachim Breschke
Bauen und Basteln im Garten
Naturbuch, Augsburg

Michael Lohmann
Naturinseln in Stadt und Dorf
BLV, München

A. und W. Erhardt
Pflanzen Einkaufsführer
Ulmer, Stuttgart

Jolanda Engelbrecht
Blumen aus dem Bauerngarten
Gräfe und Unzer, München

94

Register